GROSSE FRAGEN
Band 2

Chris Morphew
Wie kann ich Gott erleben?

Stimmen zu anderen Büchern in der Reihe *Große Fragen*

»Chris Morphew ist wie Tim Keller für Teens. In seiner Reihe *Große Fragen* wagt er sich an einige der schwierigsten aktuellen Fragen heran – mit der Bibel, mit Weisheit und Klarheit und genau der richtigen Menge Humor, damit junge Leser weiterblättern. Ich kann es nicht abwarten, meinen drei Kindern diese Bücher in die Hand zu drücken.«

—*Champ Thornton*, Pastor; Autor von *The Radical Book for Kids* und *Why Do We Say Good Night*?

»Erwachsen zu werden kann äußerst irritierend sein. Wir versuchen herauszufinden, wer wir sind und was unser Platz in der Welt ist. In *Wer bin ich und warum bin ich wertvoll*? beantwortet Chris Morphew diese Fragen auf eine erfrischende, altersgemäße Art, die mit Sicherheit das Herz der jungen Leser erreichen wird. Mit seinen kurzen, peppigen Kapiteln ist dieses Buch leicht zu lesen und außerdem vom Evangelium durchdrungen. Ich werde es jedem meiner eigenen Kinder geben und empfehle es Ihren Kindern wärmstens!«

—*Adam Ramsey*, Hauptpastor der Liberti Church, Gold Coast, Australien; Netzwerkleiter für *Acts 29 Asia Pacific;* Autor von *Truth on Fire: Gazing at God until Your Heart Sings;* Vater von Alaiya, Benaiah, Ezra, Tayo und Elyana

»Unsere größten Fragen bereiten unser Herz darauf vor, Gottes größte Antworten zu hören. Nehmen Sie Chris Morphews *Große-Fragen*-Bücher zur Hand und finden Sie darin evangeliumszentrierte Antworten auf die ehrlichen Fragen Ihrer Kinder über Gott und seinen Plan, Jesus zu uns zu senden.«

—*Barbara Reaoch*, ehemalige Leiterin der Kinderabteilung der *Bible Study Fellowship;* Autorin von *A Jesus Christmas* und *A Jesus Easter*

»Den Glauben an die nächste Generation weiterzugeben kann wie eine überwältigende Aufgabe erscheinen. Bedenkt man dann noch die Tatsache, dass Christen die nächste Generation außerdem darin ausbilden müssen, Skeptiker für unseren Glauben zu gewinnen, kann diese Aufgabe geradezu unmöglich erscheinen. Aus diesem Grund bin ich dankbar für Chris' Buch *Wer bin ich und warum bin ich wertvoll?*. Er nimmt sich eine der biblischen Kernwahrheiten vor und erklärt sie auf eine Art, die Kinder in der Sekundarstufe I (und ihre Eltern) verstehen können. Ich kann es nicht abwarten, meinen Kindern dieses Buch zu geben und sie außerdem dazu zu ermutigen, es ihren nicht gläubigen Freunden weiterzugeben.«

—*John Perritt,* Leiter der Finanzabteilung von *Reformed Youth Ministries;* Autor von *Insecure: Fighting Our Lesser Fears with a Greater One;* Moderator des *Local Youth Worker Podcasts;* fünffacher Vater

»In *Wer bin ich und warum bin ich wertvoll?* beantwortet Chris Morphew zwei der wichtigsten Fragen, die Teenager heute stellen. Er schreibt in einem Stil, der bereits für Kinder ab zehn bis zwölf Jahren zugänglich ist. Gleichzeitig hat der Inhalt eine theologische Tiefe, die ihn für Schüler aller Altersgruppen relevant macht. Die Kapitel sind kurz und übersichtlich und leicht zu lesen. Ich bin dankbar für dieses Buch!«

—*Drew Hill,* Autor von *Alongside: Loving Teenagers with the Gospel*

»Chris arbeitet tagtäglich mit jungen Menschen. Das merkt man – sein Schreibstil ist gut lesbar, bibeltreu und voll von spannenden Geschichten. Unseren jungen Leuten wird gesagt, dass sie alles sein können, was sie wollen. Dieses Buch sagt ihnen, wozu sie geschaffen wurden. Das ist die bessere Antwort!«

—*Ed Drew,* Leiter von *Faith in Kids*

Chris Morphew

Wie kann ich Gott erleben?

Chris Morphew
Wie kann ich Gott erleben?

1. Auflage 2024

ISBN 978-3-9825009-3-5 (cvmd)
ISBN 978-3-86353-965-8 (CV)

Originaltitel: How Can I Feel Closer to God?

Original erschienen bei: The Good Book Company
thegoodbook.com | thegoodbook.co.uk

Übersetzung: Isabel Hess
Gesamtgestaltung: Velimir Milenković, cvmd
Gesetzt aus: FF Tisa Pro und GT Haptik
Druck: ARKA, Cieszyn (Polen)
Printed in the EU 2024

Inhalt

Für Josiah und Mim

1.

Wenn Gott real ist, warum *fühlt* er sich dann nicht real *an*?

Die Schulglocke hatte schon geläutet, und der Rest der Klasse war bereits damit beschäftigt, ihre Sachen zusammenzupacken, als eine meiner Schülerinnen – etwa sieben Jahre alt – zu mir nach vorne kam und sagte: »Herr Morphew, ich habe ein Problem.«

»Was ist los?«, fragte ich und hockte mich hin, um ihr in die Augen schauen zu können.

»Die Sache ist die ...«, fing sie an. »*Hier* drin«, sie tippte sich an den Kopf, »weiß ich das Jesus real ist.« Dann nahm sie ihre Hand herunter und legte sie auf die Brust: »Aber *hier* drin weiß ich immer noch nicht, ob er real ist.«

Dieses Kind hatte hier in der Schule schon jahrelang alles Mögliche über Jesus gehört. Sie war klug und aufmerksam. Und sie wusste extrem viel. Doch gerade war sie dabei, etwas zu entdecken, das schon Millionen von Menschen vor ihr über Gott gelernt haben:

Zu *glauben*, dass er dich liebt, ist eine Sache.

Diese Liebe wirklich zu *spüren*, ist eine ganz andere.

Die Bibel verspricht einige gewaltige Dinge in Bezug auf die Freundschaft, die Gott uns anbietet, wenn wir unser Vertrauen auf Jesus setzen.

Jesus sagt, dass er gekommen ist, um uns in das bestmögliche Leben überhaupt zu führen – dem Leben in Fülle (Johannes 10,10).

Er sagt, wenn wir ausgelaugt und gestresst sind, brauchen wir nur zu ihm zu kommen, und er wird uns Ruhe und Frieden schenken, sogar mitten im Chaos des Lebens (Matthäus 11,28, Johannes 14,27; Philipper 4,6–7).

Die Bibel fordert uns auf, wenn wir für irgendeine Situation Weisheit brauchen, einfach auf Gott zu vertrauen und ihn darum zu bitten, und er wird sie uns geben (Jakobus 1,5).

Sie spricht auch davon, dass Jesus kam, um seinen Freunden eine totale Lebensveränderung zu bringen – eine Veränderung, die so großartig und kraftvoll ist wie die Verwandlung einer Raupe in einen Schmetterling (Römer 8,29; Galater 4,19). Laut der Bibel wird, wenn wir unser Vertrauen auf Jesus setzen, sein Geist kommen, um in uns zu wohnen. Dann wird er uns mit immer mehr Liebe, Freude, Frieden, Geduld, Freundlichkeit, Güte, Treue, Sanftmut und Selbstbeherrschung erfüllen (Galater 5,22–23).

Und das klingt ja auch alles ganz toll.

Aber ist es auch *wahr*?

Ich meine, ist das es, was du in deinem Leben gerade erlebst? Eine echte Raupe-zu-Schmetterling-Verwandlung? Oder klingt das alles nur wie ein Haufen schöner Gedanken, die im echten Leben leider nicht funktionieren?

Du betest, aber es passiert nichts.

Du öffnest die Bibel, aber alles wirkt so verwirrend und wirklichkeitsfremd.

Du gehst zum Gottesdienst, aber musst echt kämpfen, um nicht einzuschlafen.

Und gleichzeitig schaust du dir deine Freunde an, die Jesus nicht nachfolgen, und sie kommen offenbar ziemlich gut ohne ihn klar.

Kommt es dir so vor, als hättest du etwas nicht kapiert? Als hättest du irgendwie versagt? Oder als hätte Gott bei dir versagt?

All die Versprechen klingen ja vielleicht ganz toll – aber wenn sie mit dem echten Leben nichts zu tun haben, wofür dann das Ganze?

Wenn Gott real ist, warum *fühlt* er sich dann nicht real *an*?

Wenn Gott uns ganz nah sein will, warum fühlt es sich dann oft so an, als wäre er ganz weit weg?

Stell dir vor, ein neuer Schüler kommt an deine Schule. Du siehst ihn auf der anderen Seite des Klassenzimmers und denkst dir: *Vielleicht freunde ich mich mal mit ihm an.*

Aber natürlich nicht sofort. Du willst ja nichts überstürzen. Erst mal musst du etwas über seine Persönlichkeit herausfinden. Also redest du noch nicht mit ihm. Du beobachtest ihn nur aus sicherer Entfernung.

Du siehst, wie er sich zur Seite lehnt, um mit einem Sitznachbarn zu sprechen, aber du sitzt zu weit weg und kannst nicht hören, worüber sie reden. Also pirschst du dich von hinten an ihn heran, um mithören zu können. Doch leider sieht der Lehrer, dass du nicht mehr auf deinem Platz sitzt, und schickt dich zurück, damit du weiter an deinen Aufgaben arbeitest.

Beim Mittagessen siehst du, wie sich der Neue mit ein paar anderen aus deiner Stufe hinsetzt. Sie fragen dich, ob du dich zu ihnen setzen willst, aber du winkst ab. Immerhin musst du erst noch deine Ermittlungen zu Ende führen. Du wartest, bis sie sich wieder umgedreht haben, und versteckst dich im Gebüsch hinter ihnen. Du nimmst dein Fernglas zur Hand, fokussierst auf den Neuen und ziehst ein Notizbuch aus deinem Schulranzen, um deine Beobachtungen festzuhalten: Haarfarbe, Augenfarbe, Größe, Essensvorlieben, Kautechnik …

Es ist schon erstaunlich, was du alles entdecken kannst, wenn du aus der Nähe jemanden genau beobachtest.

Später sitzt du wieder mit dem Neuen im Unterricht. Er beantwortet eine Frage des Lehrers. Und die Antwort ist ziemlich gut. Aber fast schon zu gut, wenn du verstehst. Ich meine … wen will der beeindrucken? Du schlägst eine neue Seite in deinem Notizbuch auf, schreibst »WEISS ZU VIEL« und unterstreichst es.

Gegen Ende des Tages ist dein Notizbuch schon recht gut gefüllt, aber du hast immer noch das Gefühl, als hättest du nur an der Oberfläche gekratzt. Als du nachmittags zu Hause bist, tust du also das Naheliegendste:

Du stalkst ihn online.

Du findest seinen Account, aber leider ist er auf privat gestellt. Das ist doch verdächtig, oder? Was hat dieser Typ zu verbergen?

Am nächsten Tag erzählst du in der Schule einem Freund davon. Er schaut dich verwundert an und sagt: »Warum schickst du ihm nicht einfach eine Anfrage und wartest ab, ob er annimmt?«

Du verdrehst die Augen. »Ja, klar! Was ist, wenn der ein Spinner ist?«

Einige Wochen später hast du einen ganzen Haufen Notizen über den Neuen gesammelt. All die Stunden, in denen du seinen Spind im Auge behalten hast, haben sich wirklich ausgezahlt. Aber irgendwie ...

Irgendwie bist du daraus immer noch nicht schlauer geworden. Aus irgendeinem Grund fühlt es sich nicht so an, als würdest du den Neuen auch nur einen Deut besser *kennen* als am ersten Tag.

Was stimmt mit diesem Bild nicht?

Nun ja, offensichtlich so einiges. Worauf ich aber hinauswill, ist Folgendes: Kenntnisse *über* jemanden zu haben und jemanden wirklich zu *kennen*, sind zwei völlig unterschiedliche Paar Schuhe.

Wenn du dich mit dem Fernglas im Gebüsch versteckst, wirst du mit Sicherheit alle möglichen *Informationen* über eine Person herausfinden, aber es wird wohl kaum eine *Beziehung* daraus entstehen – denn es ist ein Riesenunterschied, ob man jemandes Freund ist oder sein Stalker.

Und der Grund, warum ich das anspreche, ist der, dass wir nur allzu leicht Gott genau so behandeln, ohne es überhaupt zu merken. Wir können all unsere Zeit und Energie darauf verwenden, etwas *über* Gott zu lernen, ohne jemals einen Punkt zu erreichen, wo wir das Gefühl bekommen, ihn zu *kennen*.

Natürlich ist es unglaublich wichtig, dass wir im Kopf die grundlegenden Tatsachen über Gott richtig verstehen. (Wenn du mehr darüber wissen willst, gibt es ein anderes Buch in dieser Serie mit dem Titel »Woher wissen wir, dass der christliche Glaube wirklich wahr ist?«. Darin geht es um die zuverlässigen historischen Beweise dafür, dass Jesus wirklich so ist, wie die Bibel ihn beschreibt.)

Doch das ist nur ein Teil des Bildes.

Wie bei jedem anderen auch lernen wir Jesus nicht dadurch näher kennen, dass wir auf Abstand bleiben und bloß Dinge über ihn erfahren. Wenn es überhaupt dazu kommen soll, müssen wir eine Freundschaft mit ihm eingehen.

Meine Mutter erzählt oft, wie sich das Bild für sie eines Tages zu einem sinnvollen Ganzen zusammengefügt hat.

In ihrer Kindheit lernte sie viel über Jesus. Ihr Kopf war voller Informationen über ihn. Doch etwas hielt sie noch zurück. Konnte sie *wirklich* darauf vertrauen, dass das alles wahr ist? Konnte sie sich dem allen *wirklich* mit ihrem ganzen Leben verschreiben?

Als sie ihre Mutter, also meine Oma, fragte, gab diese ihr einen Rat, der sich wirklich bewährt hat: »Warum lebst du nicht einfach eine Weile so, als wäre es wahr, und wartest ab, was passiert?«

Mit anderen Worten, warum nicht einfach ein Experiment durchführen?

Anstatt nur etwas *über* die Versprechen Jesu zu lernen, versuch doch mal, eine Zeit lang so zu leben, als seien diese Versprechen wahr.

Anstatt nur noch mehr Informationen *über* Jesus zu sammeln, nimm dir mal etwas Zeit, um eine Beziehung *zu* Jesus aufzubauen.

Und genau das tat meine Mama.

Sie führte dieses Experiment durch – und hat seitdem nie mehr zurückgeschaut.

Denn je mehr sie so lebte, als seien Jesu Versprechen wahr, desto mehr stellte sie fest, dass sie es tatsächlich *sind*. Je mehr sie eine Beziehung *zu* Jesus suchte, anstatt nur immer mehr Informationen *über* ihn zusammenzusuchen, umso mehr erlebte sie, dass Jesu Liebe real ist. Sie ist nämlich nicht nur eine schöne Vorstellung, sondern eine lebendige Realität in ihrem Leben.

Jahre später gab meine Mama diesen Rat an mich weiter. Und wieder einige Jahre später gab ich sie an die junge Schülerin aus meiner Klasse weiter, die versuchte, ihr Wissen über Jesus vom Kopf ins Herz zu bewegen. Das hat den entscheidenden Unterschied in meinem Leben gemacht, und ich bin davon überzeugt, dass das auch bei dir der Fall sein kann.

So weit, so gut. Aber wie *machen* wir das?

Wie leben wir, als ob die Versprechen Jesu wahr sind?

Wie legen wir das Fernglas ab, steigen aus dem Gebüsch heraus und fangen an, eine echte Freundschaft zu Jesus aufzubauen?

Eben darum soll es in diesem Buch gehen.

2.

Was muss ich tun, um Gott näherzukommen?

Ich möchte, dass dieses Buch ein ganz praktisches Buch ist.

Im Laufe dieses Buches schlage ich deshalb alle möglichen Dinge vor, die du *tun* kannst, um Gott besser kennenzulernen und um dich mit ihm näher verbunden zu fühlen. Ich hoffe, diese Vorschläge sind für dich hilfreich – ja, sogar lebensverändernd! –, aber bevor wir dazu kommen, müssen wir uns über eine Sache im Klaren sein:

Bei nichts von alledem geht es darum, wie wir Gottes Freunde *werden*.

Die Vorschläge in diesem Buch sind keine Anleitung, die du befolgen musst, damit Gott dich mag. Es geht dabei auf keinen Fall darum, uns Gottes Liebe, Annahme und Bestätigung zu verdienen.

Denn die Freundschaft mit Gott ist keine Belohnung, die wir uns verdienen müssen.

Sie ist ein Geschenk, das wir nur annehmen können.

Wenn du die Bibel aufschlägst, wirst du als eines der ersten Dinge entdecken, dass die Freundschaft mit Gott nicht bloß als nette kleine Zugabe in deinem Leben gedacht ist. Sie ist das, wofür der Mensch *geschaffen* wurde.

Gott erschuf die Menschen, damit sie in perfekter Freundschaft mit ihm und miteinander leben. Er erschuf uns für ein Leben der nie endenden Freude und Freiheit und des ewigen Friedens, in dem wir über Gottes gute Welt mit ihm als unserem liebenden König herrschen und sie bewahren (1. Mose 1,26–28; 2,9).

Das klingt einerseits fantastisch, andererseits aber gar nicht nach dem, wie unser Leben abläuft.

Ich meine, klar, wir können vorübergehende Augenblicke der Freude, des Friedens und der Freiheit genießen, aber wir erleben auch Krankheit, Leid, Ungerechtigkeit und Tod. Und inmitten all dieser Dinge scheint uns Gott oftmals weit weg und schwer erreichbar zu sein.

Doch laut der Bibel liegt das nicht daran, dass Gott uns die Freundschaft aufgekündigt hat.

Es liegt daran, dass wir das gemacht haben.

Denn es ist so: Eine andere Sache, die uns die Bibel über unsere Freundschaft mit Gott sagt, ist, dass wir alle sie total vermasselt haben.

Anstatt Gott und unsere Mitmenschen zu lieben, wie wir es sollten, verbannen wir Gott auf die Ersatzbank und leben so, wie es uns am besten erscheint. Den Beweis dafür sehen wir in den großen, offensichtlichen Übeln wie Kriegen und Mord, aber auch in tausend Beispielen aus dem Alltag, etwa wenn wir so tun, als sähen wir jemanden nicht, der unsere Hilfe braucht, oder wenn wir die Wahrheit verbergen, um nicht in Schwierigkeiten zu geraten.

Ob auf großer oder kleiner Ebene – wir alle lehnen Gottes liebevolle Herrschaft ab. Und dabei bringen wir Chaos und Zerstörung in unsere Welt, unter unsere Mitmenschen und in unsere eigenen Herzen und Seelen.

Und da wir nun so unsere Freundschaft mit Gott aufgekündigt haben, können wir uns nicht oberflächlich zusammenreißen und so tun, als sei alles in Ordnung. Der Schaden ist schon angerichtet. Die Beziehung ist zerbrochen, und niemand könnte Gott einen Vorwurf machen, wenn er es dabei beließe. So oder so liegt das, was als Nächstes passiert, ganz in seiner Hand. Wenn die Dinge jemals wieder in Ordnung gebracht werden sollen, dann kann nur Gott das machen.

Wir sind darauf angewiesen, dass er uns vergibt – das heißt, dass er uns retten muss.

Glücklicherweise geht es in der frohen Botschaft von Jesus genau darum.

Und um uns zu retten, ist in Jesus Gott selbst zu uns gekommen.

Während seiner Zeit auf der Erde lebte Jesus vor, wie man als Mensch in perfekter Freundschaft mit Gott und mit anderen Menschen lebt. Er tat das, was wir anderen Menschen nicht geschafft haben: Er führte das perfekte Leben der Liebe.

Und dann gab Jesus dieses Leben für uns auf.

Durch seinen Tod trug er all die Konsequenzen, die wir dafür verdient hatten, dass wir Gott den Rücken gekehrt haben. Doch anstatt uns abzuweisen, wie wir ihn abgewiesen haben, starb Jesus, um uns Vergebung anzubieten – um einen Weg zu schaffen, durch den wir wieder in die Freundschaft mit Gott aufgenommen werden können. Nicht als Belohnung, die man sich verdienen kann, sondern als kostenloses Geschenk Gottes, das Jesus durch sein Opfer am Kreuz bezahlt hat.

In der Bibel steht das so:

> Denn aus Gnade seid ihr gerettet – durch Glauben. Dazu habt ihr selbst nichts getan, es ist Gottes Geschenk und nicht euer eigenes Werk. Denn niemand soll sich etwas darauf einbilden können. (Epheser 2,8–9)

Wir müssen nichts, aber auch gar nichts tun, um Gottes Liebe und Annahme zu verdienen, weil Jesus bereits alles getan hat, was nötig war, um uns wieder nach Hause und in eine Freundschaft mit Gott zu holen. Alles, was wir noch tun müssen, ist, zu Gott umzukehren und die gute Nachricht zu glauben (Markus 1,15).

Doch hier hört die Geschichte noch nicht auf, denn Jesus blieb nicht tot. Er wurde wieder lebendig, und er lebt auch heute noch und herrscht vom Himmel aus über das Universum. Dort bereitet er den Tag vor, an dem er zurückkommen wird, um diese Welt wieder zu einem perfekten Zuhause zu machen.

An diesem Tag werden Gott und diejenigen, die zu ihm gehören, vollkommen vereint sein in der ewigen Freundschaft, für die wir geschaffen wurden. Und es wird sich nie wieder so anfühlen, als wäre Gott weit weg oder schwer zu erreichen (Offenbarung 21,1–5). Das nenne ich wirklich großartige Neuigkeiten!

Aber genauso wahr und großartig ist die Tatsache, dass wir nicht bis dann warten müssen.

Natürlich werden wir Gott viel deutlicher und umfassender erleben, wenn Jesus wiederkommt. Aber Jesus lädt uns ein, schon in der Zwischenzeit eine tiefe, lebensverändernde Freundschaft mit ihm einzugehen – genau jetzt, hier und heute.

Wenn du schon viel in der Bibel gelesen hast, dann weißt du vielleicht, dass Jesus eine Gruppe von Jüngern hatte, die ihm während seiner Zeit auf der Erde überall hin folgten. Genau *diesen* Nachfolgern trug er auf, bevor er dann in den Himmel zurückkehrte, in die ganze Welt zu gehen und *noch* mehr Menschen zu Jüngern zu machen (Matthäus 28,19–20).

»Jünger« ist eins der wichtigsten Worte, mit der Jesus die Beziehung beschrieben hat, die er mit uns haben will (Matthäus 16,24). Aber außerhalb der Bibel wird dieses Wort nicht besonders oft verwendet.

Was *bedeutet* es also genau?

Manche Menschen verstehen unter einem Jünger etwa so viel wie einen *Nachfolger* Jesu. Und das ist gar nicht mal so eine schlechte Beschreibung. Immerhin hat Jesus seine ersten Jünger *tatsächlich* eingeladen, zu kommen und ihm nachzufolgen (Matthäus 4,19). Aber ich weiß nicht, ob uns das so viel weiterhilft, denn wie um alles in der Welt sollen wir jemandem »nachfolgen«, der sich aktuell in einer anderen Dimension aufhält, jenseits unseres materiellen Universums?

Gleichzeitig ist der Ort, an dem am ehesten davon die Rede ist, dass man jemandem folgt, die sozialen Medien. Und auch wenn ich ein paar Prominenten online folge, ist das nicht gerade eine lebensverändernde Erfahrung. (Abgesehen davon bin ich mir ziemlich sicher, dass die noch nicht einmal merken, dass ich ihnen folge.)

Andere sagen, dass man das Jüngersein mehr oder weniger so verstehen kann, dass man Jesu *Schüler* ist. Das kommt dem, was Jesus damit sagen wollte, meiner Meinung nach schon näher. Aber ich vermute mal, dass du die Vorstellung »Jesus folgen = mehr Schule« besonders aufregend findest. Abgesehen davon denken die meisten von uns, wenn sie das Wort *Schüler* hören, eher daran, dass man etwas *über* Jesus lernt, als dass man ihn wirklich *kennenlernt*.

Gott sei Dank kann man diese Vorstellung noch besser interpretieren.

Der Autor Dallas Willard schlägt vor, dass wir, wenn wir das Wort *Jünger* hören, an einen *Auszubildenden* denken sollten – nicht an einen Schüler, der in der letzten Reihe im Klassenraum sitzt und einschläft, sondern an jemanden, der das gefunden hat, was er im Leben am liebsten tun will, und dazu eine praktische Ausbildung erhält, um zu lernen, wie es gemacht wird.

Stell es dir so vor: Wer ist der Mensch, den du am meisten auf der Welt bewunderst – der Mensch, von dem du sagst: »Ich wünschte, ich hätte sein Leben! Ich wünschte, ich könnte lernen, so zu sein wie er oder sie und das zu tun, was er oder sie tut!«?

Und jetzt stell dir vor, dass dich diese Person wirklich zu sich ruft und dir ihre Hilfe anbietet, um das möglich zu machen.

Stell dir vor, der olympische Goldmedaillengewinner würde dir anbieten, dich persönlich zu coachen, damit auch *du* bei den Olympischen Spielen antreten kannst.

Stell dir vor, ein weltbekannter Sänger, Schauspieler oder Musiker würde dir Privatstunden anbieten, damit *du* wie er singen, schauspielern oder ein Instrument spielen lernen kannst.

Das ist eine Ausbildung. Das ist es, was Jesus dir anbieten will – aber nicht nur für deine Karriere, sondern für dein *ganzes Leben*.

Jesus will dich nicht einfach nur aus dem Chaos herausretten, das du aus der Freundschaft mit Gott gemacht hast. Er will dich in eine ganz neue Art von Leben hineinretten, bei der du darauf zu vertrauen lernst, dass seine Vorstellung vom Leben wirklich die beste ist, und immer besser darin wirst, es auszuleben (Matthäus 7,24–27; Johannes 13,17).

Aber noch mal: Es geht nicht darum, dass wir uns die Freundschaft mit Gott *verdienen*.

Die Frage ist nicht: »Wie viel musst du tun, damit Gott dich liebt und annimmt?«, sondern: »Wie viel Raum willst du in deinem Leben öffnen, um Gottes Liebe aus erster Hand zu *erleben*?«

Wenn du dein Vertrauen auf Jesus setzt, will er dich leiten und dich in das bestmögliche Leben hineinführen.

Und je mehr du dein Leben um Jesu Leben und Lehren herum umgestaltest, desto mehr wirst du auch seine Liebe, seine Freude, seinen Frieden und seine Freiheit erleben, und zwar nicht nur als schöne *Vorstellungen*, sondern als deine tatsächlichen Erfahrungen im Alltag (Johannes 10,10; Johannes 15,5; Matthäus 11,28–30).

In der Theorie klingt das zwar alles großartig.

Aber warum fühlt es sich im echten Leben nicht immer so an?

3.

Warum kommt mir das alles so schwer, langweilig und sinnlos vor?

Was wir bisher festgestellt haben, ist Folgendes: Jesus lädt dich in eine tiefe, echte, lebensverändernde Freundschaft mit Gott ein – eine Freundschaft, in der es nicht darum geht, dass du dir irgendetwas verdienst, weil Jesus für dich bereits alles verdient hat.

Aber wie mit jeder anderen Beziehung ist es auch bei Gott so: Wenn du dich ihm näher fühlen willst, klappt das am besten, wenn du es aus dieser Freundschaft heraus tust, nicht von außen hinein.

Mit anderen Worten: Je mehr Zeit und Aufmerksamkeit du Jesus schenkst, desto näher wirst du dich ihm wahrscheinlich fühlen und desto mehr von der Lebensveränderung durch ihn wirst du erleben.

Ok. Aber wie stellen wir das jetzt an?

Denn seien wir mal ehrlich: Die Dinge, von denen man dir sagt, sie sind Hilfen dazu, dass du enger mit Gott zusammenwächst – Dinge wie Beten, Bibellesen, der Gottesdienstbesuch –, können manchmal echt langweilig sein, oder nicht?

Wenn Jesus uns zu unserem bestmöglichen Leben führen will, warum hast du bei diesen Dingen dann so oft den Eindruck, dass es ein Kampf ist?

Mein Freund Justin geht regelmäßig joggen.

Eine seiner Lieblingsbeschäftigungen an einem Samstag besteht darin, viel zu früh aufzustehen, in die Kälte hinauszutreten und einfach fünf Kilometer zu laufen. So aus Spaß.

Das ist für mich schwer nachvollziehbar, denn immer wenn ich laufen gehe, ist es alles andere als spaßig. Es tut weh, ich schwitze und es ist anstrengend.

Dieselbe Aktivität, zwei völlig unterschiedliche Erfahrungen.

Warum? Nun ja, zum Teil liegt es daran, dass Justin und ich ganz unterschiedliche Persönlichkeiten haben. Aber vor allem liegt es daran, dass Justin mehrmals pro Woche laufen geht – und ich vielleicht einmal alle sieben Jahre.

Justin hat das Laufen zu einem regelmäßigen Bestandteil seines Lebens gemacht. Und dadurch wurde es für ihn natürlich und normal und macht ihm sogar *Spaß*. Also ganz anders, als es sich für mich anfühlt.

Aber nicht nur das – er zieht daraus auch noch alle möglichen Vorteile, die mir entgehen: bessere Fitness, besseren Schlaf, stärkere Knochen, ein stärkeres Immunsystem …

Ich wünschte, ich hätte all das. Ich wünschte, ich könnte laufen wie Justin.

Und die Wahrheit ist, dass mich eigentlich nichts daran hindert.

Wenn ich nur ein paar Mal die Woche morgens aufstehen und laufen gehen würde – wenn ich es einfach durchhalten würde –, würde ich den schwitzigen, schmerzhaften Part schon bald hinter mir lassen und an den Punkt kommen, wo es anfängt, Spaß zu machen.

Das Problem ist: Weil ich so außer Übung bin, ist es viel leichter, wenn mein Wecker morgens klingelt, mich im Bett noch einmal umzudrehen.

Dasselbe gilt auch für die Gewohnheiten, die uns helfen, uns Gott näher zu fühlen: Wenn wir aus der Übung sind, kann es sein, dass sie uns anfangs unangenehm, unnatürlich (und, ehrlich gesagt, irgendwie sinnlos) vorkommen. Das bedeutet, dass es allzu leicht ist aufzuhören, bevor wir beim guten Part ankommen.

Und leider ist das Anfangen nur ein Teil unseres Kampfes.

Mein Freund Chris Coffee ist ein unglaublich guter Gitarrist. Jedes Mal, wenn ich sehe, wie Chris Gitarre spielt, wächst in mir der Wunsch, es zu lernen.

Und das Gute dabei ist, dass Chris mir schon mehrmals angeboten hat, es mir beizubringen. Vor einigen Jahren bin ich sogar einmal losgezogen und habe mir eine schicke Gitarre gekauft.

Warum also liegt die Gitarre jetzt unter meinem Bett und verstaubt?

Wenn du mich fragen würdest, warum ich noch nicht Gitarrespielen gelernt habe, wäre meine Antwort wahrscheinlich diese: »Ich hatte einfach keine Zeit.«

Und es fühlt sich auch so an, als ob das wahr wäre.

Aber ich glaube, dass es gerade das nicht ist.

Ich habe kürzlich eben eine beschämende Entdeckung gemacht. Wie sich herausstellte, hat meine Nintendo Switch eine Funktion, die trackt, wie viele Stunden ich mit jedem meiner Spiele verbracht habe. Und, nun ja, sagen wir so: wenn ich nur einen Teil dieser Stunden dafür genutzt hätte, eine Gitarre in die Hand zu nehmen anstatt eines Controllers, dann wäre ich inzwischen wahrscheinlich ein ziemlich guter Musiker.

Dasselbe gilt für die Stunden, die ich am Handy, vor dem Fernseher oder mit anderen Aktivitäten zugebracht habe, die für mich offenbar doch wichtig sind.

Es ist nicht so, als wären diese anderen Dinge unbedingt schlecht.

Doch egal, wie gerne ich mir einrede, »ich habe keine Zeit«, um Gitarre zu lernen, verrät mir ein Blick in die Screen Time App auf meinem Smartphone, dass das einfach nicht wahr ist.

Ich habe Zeit.

Ich nutze sie nur für andere Dinge.

Und vor genau diesem Kampf stehen wir auch, wenn es darum geht, in die Freundschaft mit Gott zu investieren: Selbst wenn uns die Vorstellung gefällt, uns Zeit für das Beten oder Bibellesen oder was auch immer zu nehmen, ist es so leicht, uns selbst einzureden, dass wir sie unmöglich in unseren Tagesablauf integrieren können.

Doch die Wahrheit ist, dass wir uns alle Zeit für die Dinge nehmen, die für uns am wichtigsten sind.

Demnach heißt die eigentliche Frage nicht: »Bist du beschäftigt?«, denn wir alle nehmen uns Zeit für das, was wir am meisten schätzen.

Die eigentliche Frage lautet: »Womit bist du beschäftigt?«

Aber sagen wir, du kommst zu der Überzeugung, dass diese Dinge es wirklich wert sind. Und sagen wir, dass du wirklich in deinem Tag Zeit findest, sie zur Priorität zu machen.

Selbst dann stehen wir vor einer weiteren Herausforderung: Ablenkung.

Ich setze mich hin. Ich öffne meine Bibel. Ich fange an zu lesen.

Mein Handy vibriert neben mir. Ich sehe nach, lese die Nachricht und antworte schnell. Anschließend öffne ich, ohne es überhaupt gewollt zu haben, Instagram. Jemand hat mich in einem Video verlinkt. Ich sehe es mir an, kommentiere es und scrolle noch eine Weile.

Ein paar Minuten später fällt mir ein, was ich gerade eigentlich machen soll. Ich lege mein Handy aus der Hand und schaue wieder in die Bibel. Doch jetzt fange ich an, gedanklich abzuschweifen. Ich merke, dass ich einen ganzen Abschnitt gelesen habe und jetzt schon nicht mehr weiß, was darin stand.

Ich versuche es erneut. Aber jetzt fällt mir etwas ein, was ich jemandem sagen muss, wenn ich in die Schule komme. Und das bringt mich wiederum dazu, darüber nachzudenken, was ich mir heute beim Mittagessen hole. Und bevor ich es weiß, ist meine Zeit um und ich muss los.

Wenn es darum geht, so weit zu entschleunigen, dass ich ruhig werde und mich auf Gott konzentrieren kann, besteht die Herausforderung nicht nur darin, dass in meinem Leben viel los ist. Sondern darin, dass in meinem Kopf viel los ist.

Es gibt immer tausend andere Dinge, die um unsere Aufmerksamkeit kämpfen.

Mein Punkt ist der: Wenn es dir nicht einfach so in den Schoß fällt, dich nah bei Gott zu fühlen, musst du wissen, dass das ganz normal ist.

Wir sind fast alle beschäftigt, abgelenkt und aus der Übung. Und das Problem hinter all den anderen Problemen ist, wie schon im letzten Kapitel gesagt, dass wir in einer ursprünglich guten Welt leben, die vom Weg abgekommen ist.

Eines Tages wird Jesus wiederkehren und all diese Hindernisse ein für alle Mal zerschlagen. Doch in der Zwischenzeit solltest du nicht überrascht sein, wenn du das Gefühl hast, es ist wie ein Kampf. Das bedeutet nicht, dass du etwas falsch machst.

Aber eines der wichtigsten Dinge, die wir als Auszubildende von Jesus tun können, ist der lügenden Stimme Einhalt zu gebieten, die uns einreden will, dass alles zu schwer ist, und dass es die Mühe nicht wert ist oder dass Gott uns nicht wirklich liebt – denn je mehr Übung wir darin bekommen, so zu leben, wie Jesus sein Leben lebte, desto natürlicher und lebensverändernder wird es für uns werden.

Wenn du als Auszubildender von Jesus lebst und dein Vertrauen stets auf ihn setzt, darfst du dir sicher sein, dass er dich leitet, führt und verändert – jeden Moment an jedem Tag, Stück für Stück, – damit du zu der Person wirst, als die Gott dich gedacht hat.

Und egal wie schwer, langweilig und sinnlos es dir jetzt vielleicht erscheint: Ich verspreche dir – wenn du dranbleibst –, dass es die Mühe sehr wohl wert ist.

Also. Wie fangen wir an?

4.

Wie fange ich an?

Im ersten Buch der Bibel steht eine erstaunliche Geschichte über eine wahre Begebenheit, bei der Gott einem Mann namens Jakob in einem Traum erscheint.

In diesem Traum sieht Jakob eine Treppe, die Himmel und Erde verbindet und auf der Engel auf- und absteigen. Dann spricht Gott zu Jakob in einer Stimme, die dieser *tatsächlich hören* kann.

Gott verspricht Jakob, ihn zu segnen und zu beschützen, wohin er auch geht. Gott sagt, dass er durch Jakobs Familie die *ganze Welt* segnen wird.

Und dann wacht Jakob auf.

Er versteht sofort, dass das kein normaler Traum war. Sein Gehirn hat sich diese Vision nicht im Schlaf ausgedacht. Der Gott des Universums hat gerade direkt zu ihm gesprochen.

Ich will damit jetzt nicht sagen, dass du erwarten solltest, dass Gott regelmäßig in deinen Träumen auftaucht. (Ich würde es ihm allerdings zutrauen; Gott kann zu dir sprechen, wie er will.)

Was ich dir vor allem deutlich machen will, ist Jakobs Reaktion:

> Da erwachte Jakob und sagte:
> »Tatsächlich, Jahwe [d. h. Gott]
> ist an diesem Ort, und ich habe es
> nicht gewusst.« (1. Mose 28,16)

Wir sehen: Jakob wachte nicht auf und dachte sich: *Wow! Gott hat sich für einen Moment gezeigt – aber jetzt ist er wieder weg.*

Stattdessen erkennt er die Wahrheit: dass Gott *die ganze Zeit* bei Jakob gewesen war; Jakob hat es nur nicht gewusst.

Und ich denke, dass wir daraus eine wichtige Lektion mitnehmen können – insbesondere diejenigen von uns, die schon als Auszubildende von Jesus leben. Eines der überwältigendsten Versprechen in der Bibel ist dieses: Wenn du dein Vertrauen auf Jesus setzt, wird Gottes Heiliger Geist kommen, um in dir zu wohnen (Apostelgeschichte 2,38–39).

Gottes Geist ist Gott selbst, der in jedem Nachfolger Jesu lebt und uns hilft, Gott zu kennen und zu lieben, und so zu leben, wie er es möchte. Das bedeutet, dass das, was vor langer Zeit für Jakob galt, genauso für jeden einzigen Auszubildenden von Jesus gilt, in jedem Moment, an jedem Tag, an jedem Ort:

Jahwe ist an diesem Ort.

Wir müssen nichts tun, damit Gott auftaucht. Er ist schon hier. Die Frage ist: »Sind wir uns dessen bewusst?«

Wie werden wir uns dessen also bewusst?

Wie schon gesagt, denke ich, dass zwei unserer größten Kämpfe in diesem Bereich Beschäftigtsein und Ablenkung sind. Wenn wir uns Gott näher fühlen wollen, müssen wir lernen, so lange zu entschleunigen, dass wir ihm unsere Aufmerksamkeit schenken können.

Wie? Sieh dir diese Worte aus Markus' Biografie über Jesus an:

> Früh am Morgen, als es noch völlig
> dunkel war, stand er [Jesus]
> auf und ging aus dem Haus
> fort an eine einsame Stelle, um
> dort zu beten. (Markus 1,35)

Später, als Jesu Freunde so beschäftigt und von so vielen Menschen umgeben waren, dass sie noch nicht einmal die Gelegenheit hatten zu essen, sagte Jesus ihnen:

> »Los, kommt mit an einen ruhigen Ort, nur ihr allein, und ruht ein wenig aus.« (Markus 6,31)

Und in Lukas' Biografie über Jesus lesen wir dann von etwas, das Jesus regelmäßig tat:

> Jesus aber zog sich in die Einsamkeit
> zurück, um zu beten. (Lukas 5,16)

Ein einsame Stelle. Ein ruhiger Ort. Die Einsamkeit. Das sind drei unterschiedliche Ausdrücke, die für dasselbe stehen: Immer wieder in seinem Leben auf der Erde nahm sich Jesus bewusst Zeit, um dem Lärm und der Geschäftigkeit des Lebens zu entfliehen, zur Ruhe zu kommen und Zeit mit Gott, seinem Vater, zu verbringen.

Wenn wir uns Gott näher fühlen wollen, müssen wir *genau da* anfangen. Wir müssen uns jeden Tag eine Zeit nehmen, um mit allem aufzuhören, was wir gerade machen, alle Ablenkungen beiseitezulegen und einfach nur still zu sein.

Das klingt ziemlich einfach.

Aber hier ein kleines Experiment für dich:

Leg dieses Buch jetzt aus den Händen. Leg auch alles andere aus den Händen. Schließe deine Augen. Und finde heraus, wie lange du einfach ruhig und still sein kannst, ohne verrückt zu werden.

Wie lief es? Wenn du auch nur annähernd so bist wie ich, dann schätze ich, dass es nicht lange gedauert hat, bis deine Gedanken abgeschweift sind oder du nach etwas gegriffen hast, das deine Langeweile durchbricht.

Echtes, bewusstes Ruhigsein und Stille sind für uns so etwas von *unnatürlich*. Doch wenn wir uns Gott näher fühlen wollen, ist das der Punkt, wo wir ansetzen müssen.

Wir überwinden die Geschäftigkeit, indem wir lernen, bewusst zu entschleunigen.

Wir überwinden die Ablenkung, indem wir lernen, uns bewusst auf Gott zu konzentrieren.

Wir wachsen näher zu Gott hin, indem wir in unseren geschäftigen Leben (und Köpfen) bewusst Raum schaffen, um uns ein paar Gewohnheiten anzueignen, die wir dem Leben Jesu abschauen – Gewohnheiten, die dazu da sind, um unsere Aufmerksamkeit auf ihn zu richten, und die uns helfen zu erkennen: »Jahwe ist an diesem Ort, und ich habe es nicht gewusst.«

Das erfordert natürlich Übung. Und wie mit jeder neuen Gewohnheit ist es wichtig, da anzufangen, wo du bist, und nicht da, wo du denkst, dass du sein solltest.

Vielleicht werde ich eines Tages morgens aufstehen und fünf Kilometer laufen oder eine Gitarre in die Hand nehmen und spielen können, was mir gerade in den Sinn kommt. Aber wenn ich dort *anfangen* will, bin ich bald nur frustriert und enttäuscht.

Wenn ich echten Fortschritt machen will, fange ich am besten mit einer einfachen, regelmäßigen Routine an, die ich dann ausbaue. Und dasselbe gilt in Bezug auf die Gewohnheiten und die Übung, die dir helfen werden, dich enger mit Gott verbunden zu fühlen.

Ich finde es toll, wie der Autor Pete Greig diesen Rat formuliert:

»Keep it simple. Keep it real. Keep it up!« (dt.: Halt es einfach. Halt es echt. Halte durch!)

Auf den restlichen Seiten dieses Buchs werden wir versuchen, herauszufinden, wie das geht – aber wenn du einen Startpunkt brauchst, dann ist das hier mein Tipp:

Besorg dir ein Notizbuch und einen Stift und nimm dir morgens zehn Minuten. (Ich mache das direkt nach dem Aufstehen. Dabei setze ich mich an einen ruhigen Platz am Fenster, während ich mein Frühstück esse.)

Erstens: Sitze zuerst einfach da und halte eine Minute inne. Gib dir selbst die Gelegenheit, zur Ruhe zu kommen. Sei so still und ruhig, wie du kannst. Das wird sich zunächst wohl ziemlich seltsam anfühlen – aber zieh es einfach durch.

Zweitens: Spreche ein kurzes, einfaches Gebet, um Gott in deinen Tag einzuladen. Etwa so:

> Lieber Gott,
> danke für diesen neuen Tag.
> Danke, dass du mich gemacht
> hast und mich liebst.
> Danke, dass du immer bei mir bist.
> Bitte hilf mir, dich heute
> miteinzubeziehen.
> In Jesu Namen.
> Amen.

Drittens: Öffne dein Notizbuch und schreibe einige Dinge auf, für die du dankbar bist. Je konkreter, desto besser. Hier sind einige Beispiele von dieser Woche aus meinem Notizbuch:

- Danke für die Ferien.
- Danke für Pizza und Gesellschaftsspiele mit meinen Freunden.
- Danke, dass ich gestern mit meiner Nichte und meinen Neffen abhängen konnte.

Dann lies erneut, was du gerade geschrieben hast, und nimm dir einen Moment, um Gott für jeden Punkt auf der Liste zu danken. Diese Art von Dankbarkeit ist eine super Möglichkeit, um dich auf das zu konzentrieren, wie Gott dir in deinem Leben seine Liebe und Fürsorge schon gezeigt hat.

Ruhe. Gebet. Dankbarkeit.

Simpel, oder nicht?

Aber wenn du dabeibleibst – wenn du diese tägliche Routine eine Woche, einen Monat, ein Jahr lang wiederholst –, dann wirst du früher oder später zurückschauen und erstaunt sein, was für einen Unterschied es gemacht hat.

5.

Wie (und warum) sollte ich beten?

Wenn Menschen darüber reden, dass Gott weit weg erscheint, ist das Gebet eine Sache, die sie oft erwähnen.

Du redest zu Gott, aber es fühlt sich so an, als würdest du mit dir selbst reden. Du bittest ihn um etwas, aber er gibt es dir nicht. Du betest, dass eine bestimmte Sache *nicht* passiert, aber sie passiert trotzdem.

Warum also überhaupt noch beten, wenn es scheinbar gar nichts bringt?

Nun, es kommt vermutlich darauf an, wozu Gebet deiner Meinung nach gedacht ist.

Versteh mich nicht falsch: Gott *liebt* es, unsere Gebete zu erhören – und auf irgendeine Art und Weise tut er das auch immer! Aber ich glaube, bevor wir dahin kommen, Gebet wirklich zu *genießen*, müssen wir als Erstes erkennen, dass es um so viel mehr geht als darum, dass Gott macht, was wir wollen.

Ich möchte dir zeigen, was ich meine. Sieh dir dieses Gebet an, das Jesus seinen ersten Auszubildenden beigebracht hat:

> Unser Vater im Himmel! Dein Name
> werde geheiligt. Dein Reich komme.
> Dein Wille geschehe wie im Himmel
> so auf Erden. Unser tägliches Brot
> gib uns heute. Und vergib uns unsere
> Schuld, wie auch wir vergeben unsern
> Schuldigern. Und führe uns nicht in
> Versuchung, sondern erlöse uns von
> dem Bösen. (Matthäus 6,9b–13)

Zunächst mal eine Frage: An wen ist dieses Gebet gerichtet? Wer wird angesprochen?

Ich meine, klar, Gott natürlich.

Aber das Gebet fängt nicht an mit Lieber Gott ...

Es fängt an mit »Unser Vater« – und das ist eine Riesensache.

Das Wort »Gott« bedeutet für alle möglichen Leute alle möglichen Sachen, aber hier lädt uns Jesus ein, Gott mit derselben Sicherheit und Vertrautheit zu nahen wie ein Kind, das mit seinem Vater spricht.

Natürlich gibt es verschiedene Arten von Vätern, und sie sind nicht alle toll. Wenn Gott also unser Vater im Himmel ist, was für ein Vater ist er?

Um das zu beantworten, müssen wir nur die Bibel aufschlagen und auf Jesus schauen, denn Jesus sagt, dass jeder, der ihn gesehen hat, auch den Vater gesehen hat (Johannes 14,9).

Wenn du siehst, wie Jesus Menschen annimmt, die von allen anderen unbeachtet bleiben: *So* ist unser Vater im Himmel.

Wenn du siehst, wie Jesus es geduldig mit seinen Jüngern aushält, egal, wie oft sie Mist bauen und ihn wieder mal um eine neue Chance bitten müssen: *So* ist unser Vater im Himmel.

Wenn du siehst, wie Jesus an einem Kreuz hängt und sein Leben hingibt, um für alles zu bezahlen, was wir verpfuscht haben, und wie er für die Menschen, die ihn zu Tode quälen, um Vergebung fleht: *So* ist unser Vater im Himmel.

Und je mehr wir all das erkennen, desto mehr wird unsere Erfahrung des Gebets erneuert.

Gott als deinen liebenden Vater zu erkennen, bedeutet zum einen, dass du dir keine Sorgen mehr darüber machen musst, ob du die richtigen Worte benutzt.

Ein Gebet ist keine Rede. Es ist ein Gespräch mit jemandem, der dich liebt; der dich besser versteht als du dich selbst, und der weiß, was du meinst und was du brauchst, selbst wenn du nicht die Worte dafür findest (Römer 8,26). Also sag einfach, was dir auf dem Herzen liegt, und sei sicher, dass Gott es verstehen wird, und dass du ihm wichtig bist.

Und da Gott dein liebender Vater ist, gibt es nichts, was du ihm nicht sagen darfst.

Sieh dir dieses Gebet von König David an:

> Mein Gott, mein Gott! Warum hast du
> mich verlassen? Warum bist du so weit
> weg? Du hörst mein Schreien nicht!
> Mein Gott, ich rufe am Tag, doch du
> antwortest nicht, ich rufe bei Nacht
> und finde nicht Ruh! (Psalm 22,2–3)

David hält sich nicht gerade zurück, oder? Er schüttet sein ganzes Herz vor Gott aus und sagt exakt, wie er sich fühlt. Und genauso lädt Gott auch uns ein, zu ihm zu kommen.

Gott weiß bereits alles, was du denkst und fühlst; also kannst du auch gleich ehrlich zu ihm sein! Und je mehr du lernst, deine tiefsten Gedanken und Gefühle *mit* Gott zu besprechen, desto mehr wirst du entdecken, dass du dich darauf verlassen kannst, dass Gott dir durch alles hindurchhilft, was das Leben dir an Schwierigkeiten bereitet.

Zurück zu dem Gebet von Jesus.

Als Nächstes lesen wir: »Dein Name werde geheiligt«.

Die Grundidee ist hier, dass wir Gottes Größe und Liebe erkennen und ihn so behandeln, wie es ihm zusteht. Jesus möchte, dass wir dafür beten, Gott immer besser kennenzulernen – und dass auch die Menschen um uns herum, die ihn noch nicht kennen, ihn ebenso lieben und ehren lernen.

Das wiederum bringt uns zum nächsten Satz: »Dein Reich komme. Dein Wille geschehe wie im Himmel so auf Erden.«

Jesus lädt seine Auszubildenden ein, mit Vorfreude den Tag zu erwarten, an dem er sein Reich auf die Erde errichtet – das heißt, wenn er zurückkommt, um diese Welt wieder zu unserem perfekten Zuhause zu machen.

In der Zwischenzeit können wir Gott um seine Hilfe dafür bitten, dass wir als Menschen leben, die *jetzt schon* zu diesem künftigen Reich gehören – jetzt, hier und heute. Als Menschen, die von Gottes Liebe so verändert werden, dass wir wiederum ihn und andere lieben.

Im nächsten Teil des Gebets geht es darum, Gott um das zu bitten, was wir brauchen. Zuerst aber will ich dich auf Folgendes hinweisen: Jesus sagt nicht, dass wir beten sollen: »*Mein* tägliches Brot gib *mir* heute«, sondern: »*Unser* tägliches Brot gib *uns* heute.«

Dieselbe Ausdrucksweise sehen wir in dem gesamten Gebet: »*Unser* Vater ... vergib *uns* ... führe *uns* ... erlöse *uns* ...«

Offenbar geht es im Gebet nicht bloß um *mich*, sondern um *uns*.

Auf der ersten Ebene also bittest du Gott, dir *dein* »tägliches Brot« zu geben. Doch dabei geht es nicht nur um Essen: Bitte ihn um was immer du brauchst und danke ihm, wenn er es dir gibt.

Auf der nächsten Ebene betest du dann für andere – dass du Gott bittest, den Menschen um dich herum zu helfen.

Aber ich glaube, es gibt hier noch eine andere, tiefere Ebene. Wenn du dich daran erinnerst, dass Gott uns geschaffen hat, damit wir gemeinsam mit ihm über seine Welt herrschen und sie bewahren, dann sollte es uns nicht überraschen, dass ein wichtiger Kanal, der Gott zur Wahl steht, um Menschen zu helfen, *andere* Menschen sind.

Das bedeutet, dass deine Gebete auch eine Möglichkeit sind, dich auf die Art und Weise einzustellen, wie

Gott dich vielleicht einlädt, seine Antwort auf das Gebet *eines Anderen* zu werden.

Frag dich also, wer um dich herum *nicht* sein tägliches Brot hat. Wer hat nicht alles, was er oder sie täglich braucht?

Und wie Gott dich möglicherweise zum Helfen einlädt? Wie kannst du das nutzen, womit Gott dich gesegnet hat, um für andere ein Segen zu sein?

Das Gebet eröffnet uns auch die Möglichkeit, Gott zu bitten »vergib uns unsere Schuld« und »führe uns nicht in Versuchung« – zu bekennen, wenn wir uns an ihm oder an anderen schuldig gemacht haben, ihn um Vergebung zu bitten und um Hilfe, uns von allem fernzuhalten, was uns versuchen will, dieselben zerstörerischen Entscheidungen wieder zu treffen.

Aber auch hier heißt es nicht einfach »vergib *mir*«, sondern »vergib *uns* …, wie auch wir vergeben unseren Schuldigern«.

Wenn du dein Vertrauen auf Jesus setzt, bietet dir Gott grenzenlose Vergebung. Immer wieder, egal, wie oft du sie brauchst« – weil Jesus am Kreuz deine *ganze* Schuld schon bezahlt hat. Aber Gottes Vergebung uns gegenüber sollte damit Hand in Hand gehen, dass wir anderen Menschen vergeben. Gottes Vergebung zu erfahren, bedeutet, mit der Hilfe von Gottes Geist zu lernen, den Menschen in unserer Umgebung mit derselben grenzenlosen Vergebung zu begegnen, mit der Jesus uns begegnet.

Wie nehmen wir nun all das und bauen es in unseren Alltag ein?

Bei mir sieht das folgendermaßen aus:

Erstens versuche ich, wie schon gesagt, jeden Tag mit ein paar ruhigen Momenten im Gebet zu beginnen. Bevor ich irgendetwas anderes mache – bevor ich die Nachrichten auf meinem Handy lese oder mir über irgendetwas Gedanken mache, das ich an dem jeweiligen Tag machen muss –, nehme ich mir ein bisschen Zeit, um still zu werden und mich daran zu erinnern, dass Gott bei mir ist und geduldig darauf wartet, dass ich meinen Fokus wieder auf ihn richte.

Ich danke Gott für den neuen Tag.

Ich bete für meine Freunde und Familie und für jeden, den Gott mir gerade aufs Herz legt.

Ich bitte Gott, mir zu helfen und mich durch alles hindurchzuleiten, was am Tag auf mich zukommt.

Und ich bitte ihn, mich immer wieder daran zu erinnern, dass er den ganzen Tag bei mir ist – mir zu helfen, all die Arten und Weisen zu bemerken, wie er mich segnet und für mich sorgt, und all die Gelegenheiten wahrzunehmen, die er mir gibt, damit ich seine Liebe bei den Menschen in meinem Umfeld übe.

Das bringt mich wiederum zu der zweiten Weise, auf die ich versuche, das Gebet zu einem regelmäßigen Part meines Lebens zu machen.

Es gibt eine Stelle in der Bibel, die bei mir immer eine gewisse Verwirrung ausgelöst hat:

> Freut euch allezeit! Betet immerzu! Sagt Gott in allem Dank! Das ist es, was Gott will, und was er euch durch Christus Jesus möglich macht. (1. Thessalonicher 5,16–18)

Denn was heißt es, immerzu zu beten? Gott kann ja sicher nicht von uns wollen, dass wir die *ganze* Zeit beten. Was ist mit all den anderen Sachen, die wir erledigen müssen?

Doch dann fing ich an zu verstehen: *Gott lädt uns nicht ein, zu beten statt unser Leben zu leben. Er lädt uns ein, zu beten, während wird unser Leben leben.*

Bruder Lawrence, ein Auszubildender von Jesus, der vor 400 Jahren lebte, nannte das »die Gegenwart Gottes erlernen«. Damit meinte er, dass es uns immer mehr in Fleisch und Blut übergehen sollte, dass wir uns an Gottes Gegenwart und Liebe erinnern. Und das ist ganz einfach: Erinnere dich im Laufe des Tages, so oft du daran denkst, dass Gott bei dir ist.

Wenn du etwas bekommst, danke Gott dafür.

Wenn du merkst, dass du Mist gebaut hast, sag Gott, dass es dir leidtut.

Wenn du mit jemandem redest, bete für diese Person.

Es muss kein langes, kompliziertes Gebet sein – ein einfaches *Danke* oder *Entschuldigung* oder *Bitte, hilf mir* in deinen Gedanken reicht aus. Eine oder zwei Sekunden genügt.

Aber ich habe festgestellt: Je mehr ich die Gegenwart Gottes »erlerne«, desto näher fühle ich mich ihm und desto mehr von seiner Liebe, seiner Freude und seinem Frieden erlebe ich.

Meine dritte Gebetsgewohnheit praktiziere ich am Ende des Tages, wenn ich im Bett liege. Ich denke an meinen Tag zurück und stelle mir ein paar Fragen.

Als Erstes: Was ist gut gelaufen? Was gab es, für das ich dankbar sein kann? Ich nehme mir einen Moment, um Gott für diese Dinge zu danken.

Zweitens: Was ist *nicht* gut gelaufen? Wofür muss ich mich bei Gott entschuldigen, und wovon muss ich mich abwenden? Ich nehme mir einen Moment, um bei Gott diese Dinge zu zuzugeben und ihn um Entschuldigung zu bitten. Das tue ich in dem Wissen, dass er schon darauf wartet, mir zu vergeben.

Drittens: Wie fühle ich mich am Ende des Tages? Ich versuche so ehrlich zu sein, wie es geht, und bete mit Gott diese Gefühle durch.

Zerbrich dir nicht den Kopf darüber, diese Schritte exakt so zu befolgen.

Zerbrich dir noch nicht mal den Kopf, wenn du bei der Hälfte einschläfst.

Das Wichtige ist, dass du deinen Tag mit Gott beginnst und beendest und alles *mit* Gott zusammen verarbeitest, so als würdest du mit einem Freund oder einer Freundin darüber reden.

Ein letzter Tipp: Erinnerst du dich noch an das Dankbarkeitsnotizbuch, das ich im letzten Kapitel erwähnt habe? Überlege dir, ob du es nicht zu einem Gebetstagebuch ausweitest.

Schreibe zu Beginn des Tages (oder wann immer es für dich am besten funktioniert) nicht nur das auf, wofür du dankbar bist, sondern auch, um was du Gott bitten willst, wofür du dich bei ihm entschuldigen willst oder was dich sonst noch so bewegt.

Das wird dir zum einen helfen, deine Aufmerksamkeit auf das zu richten, wofür du betest.

Zum anderen liebt Gott es, wie schon gesagt, unsere Gebete zu erhören, auch wenn es beim Beten *um so viel mehr* geht als darum, dass Gott tut, was du willst. Einige dieser Gebete aufzuschreiben, gibt dir die Möglichkeit, nach einem Monat oder einem Jahr zurückzuschauen und zu sehen, wie oft Gott sie tatsächlich erhört hat, wenn auch vielleicht nicht genau so, wie du es erwartet hast.

6.

Wie (und warum) sollte ich in der Bibel lesen?

Vor einigen Jahren fuhr ich mit dem Bus von Jerusalem in Israel an einen Aussichtspunkt, der ein gewaltiges Panorama der judäischen Wüste bot – trockene, braune Hügel in alle Richtungen, allesamt übersät mit Steinen und mit kleinen dürren Sträuchern. In der untergehenden Sonne sah das alles irgendwie wunderschön aus (auf eine Leblose-Wüste-Art-und-Weise). Trotzdem war ich einfach nur sehr dankbar, dass ich am kühlen Abend dort war, anstatt in der sengenden Hitze des Tages.

Aber was mich wirklich umhaute, war dieser Gedanke: Hätte ich vor etwa 2000 Jahren auf diesem Aussichtspunkt gestanden, hätte ich womöglich zusehen können, wie Jesus irgendwo dort draußen gegen einen alten Feind Gottes kämpfte.

Dieser Feind, häufig der Teufel oder Satan genannt, kam in der Wüste zu Jesus und versuchte, ihn vom Kurs abzubringen, also von Gottes Plan: dass er, Jesus, für unsere Rettung auf die Erde kommen musste (Matthäus 4,1–11).

Der Feind gebrauchte keine körperliche Gewalt; er wusste, dass er gegen Gottes Macht nicht ankommen könnte. Stattdessen nutzte er dieselbe Strategie, die er schon von Anfang an verfolgt hat: Er erfand Lügen und Täuschungen, die Gottes Güte in Frage stellten.

Und wie hat sich Jesus gegen die Lügen des Feindes gewehrt?

Genauso, wie wir es auch tun sollten: mit der Wahrheit.

Als der Feind andeutete, dass Jesus sich nicht darauf verlassen könnte, dass sein himmlischer Vater für ihn sorgen würde und dass Jesus einfach seine Macht nutzen sollte, um ein paar Steine in Brot zu verwandeln – feuerte Jesus ein Zitat aus der hebräischen Bibel zurück, in dem es heißt, »dass der Mensch nicht vom Brot allein lebt, sondern von allem, was aus dem Mund Jahwes kommt« (5. Mose 8,3).

Als der Feind Jesus herausforderte, Gottes Liebe und Fürsorge für ihn unter Beweis zu stellen, hatte Jesus Gottes Wort im Mund: »Stellt Jahwe, euren Gott, nicht auf die Probe« (5. Mose 6,16).

Als der Feind sagte, dass er Jesus unbegrenzte Macht geben würde, wenn Jesus sich einfach vor ihm niederwerfen würde, wusste Jesus genau, was er ihm zu entgegnen hatte: »Jahwe, deinen Gott, sollst du fürchten, ihm [allein] sollst du dienen« (5. Mose 6,13).

Jesus bekämpfte die Lügen des Feindes mit der Wahrheit von Gottes *Wort* – bis der Feind irgendwann aufgab und ihn wieder in Ruhe ließ.

Dieses Muster können wir in Jesu gesamtem Leben erkennen: Die Worte der Heiligen Schriften waren ihm so vertraut, dass er in jeder Situation immer die perfekte Weisheit Gottes hatte, die ihn bei seinen Worten und Taten leitete. Er war mit der Wahrheit über Gottes Treue und Liebe so vertraut, dass er jede Situation meistern konnte, in die er im Laufe seines Lebens kam.

Warum war er darin so gut?

Na ja, ist doch klar, warum es ihm so leichtfiel, magst du jetzt denken. *Jesus war ja Gott, hier auf der Erde.*

Aber vergiss nicht, dass Jesus auch ganz Mensch war, was bedeutet, dass die Schriften nicht bei seiner Geburt in sein Hirn downgeloadet wurden. Er musste die Bibel genauso kennenlernen wie jeder andere: indem er sie las und Worten über sie zuhörte – immer und immer wieder.

Das bedeutet, dass diese Gegen-alles-gewappnet-Wahrheit und Zuversicht keine magische Superkraft ist, die Jesus für sich behält.

Es ist etwas, auf das du genauso zurückgreifen kannst wie er.

Gott ist völlig uneingeschränkt in der Art und Weise, wie er zu Menschen spricht. Es ist sogar so, dass er niemals aufhört, auf die eine oder andere Weise zu uns zu. Durch das Universum, das er geschaffen hat, zeigt er uns ununterbrochen seine Macht und Herrlichkeit und Freundlichkeit (Psalm 19,1–4; Römer 1,20; Apostelgeschichte 14,17).

Durch die ganze Geschichte hindurch hat Gott immer wieder durch Prophetie zu seinem Volk gesprochen, also durch Botschaften, die einer Person durch seinen Geist eingegeben wurden, um andere zu lehren und zu ermutigen (Hebräer 1,1; 1. Korinther 14,31). Er ist Menschen auch in ihren Träumen und in Visionen erschienen (Joel 2,28). Einmal hat er sogar durch einen sprechenden Esel kommuniziert (4. Mose 22,21–41).

Doch wie auch immer Gott zu uns redet, wird er niemals etwas sagen, das dem widerspricht, was er in der Bibel schon gesagt hat.

In der Bibel finden wir Gottes unveränderliche Wahrheit für jeden Menschen, zu jeder Zeit, an jedem Ort und in jeder Generation – und in ihr begegnen wir auch Jesus, der uns das klarste, am leichtesten zu verstehende Bild davon eröffnet, wer Gott ist (Hebräer 1,2–3). Sollten wir also jemals denken, dass Gott auf *anderem* Wege zu uns spricht, müssen wir die jeweilige Botschaft mit dem vergleichen, was in der Bibel steht, um sicherzugehen, dass sie damit übereinstimmt.

Für uns als Auszubildende von Jesus ist das Kennenlernen der Bibel wie die eigene Westentasche einer der wichtigsten, wertvollsten Wege überhaupt, auf dem wir Gott näherkommen können. Aber es geht nicht bloß darum, unsere Köpfe mit vielen interessanten Tatsachen *über* Gott zu füllen. Es geht auch darum, auf Gott selbst zu hören und in der Weisheit zu wachsen, die wir brauchen, um ihm in unserem Alltag folgen zu können (2. Timotheus 3,16–17).

Denn die Bibel ist nicht bloß eine Sammlung toller, nützlicher Weisheiten für das Leben; sie ist auch nicht einfach eine Aufzeichnung von all den Gelegenheiten, bei denen Gott zu den *Menschen von damals* gesprochen hat.

Die Bibel ist Gottes Wort an dich – genau jetzt, hier und heute – und du kannst darauf vertrauen, dass er durch sie jedes Mal zu dir spricht, wenn du sie in die Hand nimmst und darin liest.

Aber vielleicht hast du es schon versucht.

Vielleicht hast du versucht, die Bibel für dich allein zu lesen, oder du saßt da und hast zugehört, wie andere versuchten, sie dir zu erklären – und hinterher warst du entweder gelangweilt oder verwirrt oder beides.

Wenn du dich darin wiedererkennst, dann verstehe ich das. Ehrlich. Die Bibel ist ein herausforderndes Buch. Aber wenn du an ihr dranbleibst, kann ich dir versprechen, dass der Kampf der Mühe absolut wert ist. Und ich glaube, dass die meisten von uns, wenn es um die Bibel geht, als Erstes unsere Erwartungen neu ausrichten müssen.

Damit meine ich, dass es völlig normal ist, wenn du die Bibel in die Hand nimmst und ein oder zwei Seiten liest und danach das Gefühl hast, als würdest du es nicht zu hundert Prozent verstehen. Denn die Bibel ist nicht die Art von Buch, das du einfach in die Hand nimmst, einmal durchliest und dann sagst: »Super, jetzt kapier ich's!«

Die Bibel enthält *tiefe* Weisheit von Gott, die er dir dein *Leben lang* nach und nach offenbaren will, während du darin liest. Es gibt ständig mehr zu entdecken, mehr zu lernen, mehr zu verstehen.

Das kommt dir vielleicht wie eine Überforderung vor – bis du dir wieder in Erinnerung rufst, dass dein Hauptziel dabei nicht ist, ein Experte über ein *Buch* zu werden, sondern eine *Person* kennenzulernen. Das Ziel besteht darin, in deiner Freundschaft mit Jesus zu wachsen.

Und wie lernst du einen Freund kennen?

Einen Tag nach dem anderen.

Am Anfang einer Freundschaft mit einer Person, weißt du noch nicht viel über sie. Aber deine Reaktion ist dann hoffentlich nicht: »Och nee! Was für ein Aufwand! Wozu soll ich mir die Mühe machen?"

Eins der *besten Dinge* an einer Freundschaft ist es, dass man jemanden immer besser kennenlernt, je mehr Zeit man mit ihm verbringt. Dasselbe gilt auch für unsere Freundschaft mit Gott.

Wir werden Gott erst dann vollständig verstehen, wenn Jesus wiederkommt und wir ihn «von Angesicht zu Angesicht« (wie es manchmal heißt) sehen (1. Korinther 13,12) – aber in der Zwischenzeit, während du Jesus folgst und immer wieder zur Bibel zurückkommst, kannst du darauf vertrauen, dass Gottes Geist in deinem Herzen und Denken am Wirken ist und dir dabei hilft, Gott immer besser kennenzulernen (Johannes 14,26; 1. Korinther 2,9–16).

Auch hier hilft eine regelmäßige Routine. Wenn du also nicht weißt, wo du anfangen sollst, habe ich wieder einen Vorschlag:

Anstatt deine Bibel einfach irgendwo aufzuschlagen, such dir *ein Buch* darin aus und lies es komplett durch, jeden Tag ein bisschen. (Wenn die Bibel für dich noch etwas ganz Neues ist, schlage ich dir das Markusevangelium vor, eine Biografie über Jesus, die von einem Freund der ersten Jünger Jesu geschrieben wurde.)

Nimm dir jeden Tag, bevor du anfängst zu lesen, einen Moment, um zu beten. Erinnere dich daran, dass Gott bei dir ist, während du liest, und bitte ihn, dir zu zeigen, was du über ihn verstehen sollst.

Dann schlag die Bibel auf und lies ein bisschen (oder wenn dir das Lesen schwerfällt, versuch es mal damit, *dir die Bibel anzuhören;* es gibt viele tolle Audioversionen).

Nimm dir Zeit. Mach langsam. Lies deinen Abschnitt mehrere Male.

Wenn dir etwas besonders auffällt, dann schreib es in dein Gebetstagebuch. Dann nimm dir etwas Zeit, um darüber nachzudenken und zu beten: Was ist es an diesem Teil der Bibel, das dich besonders angesprochen hat? Was denkst du: Was, sagt Gott zu dir damit? Wie sollst du vielleicht auf das reagieren, was er dir deutlich macht? Welche Fragen hast du?

Hier ist zum Beispiel ein Vers, der mir heute Morgen beim Lesen im Matthäusevangelium ins Auge gefallen ist:

> Jesus zog durch alle Städte und Dörfer in dieser Gegend. Er lehrte in den Synagogen, verkündigte die Botschaft vom Reich Gottes und heilte alle Kranken und Leidenden. (Matthäus 9,35)

Ich habe diesen Abschnitt in der Bibel schon mehrere Male gelesen, aber dieses Mal hat mich ein ganz einfacher Gedanke angesprochen: Jesus hat sich nicht zurückgelehnt und darauf gewartet, dass die Menschen zu ihm kommen. Er ging zu *ihnen* – »durch alle Städte und Dörfer« – und suchte aktiv Menschen, lehrte, heilte und teilte die gute Nachricht von Gottes Reich.

Während ich mir diesen Vers in meinem Tagebuch notiert habe, wurde ich daran erinnert, dass Gottes Liebe so aussieht. Er versteckt sich nicht irgendwo da draußen und wartet darauf, dass wir ihn finden. In Jesus ist Gott zu uns gekommen. Er ist einer von uns *geworden*, um uns zu retten – um *mich* zu retten.

Ich habe Gott einen Moment lang für diese Erinnerung an seine Liebe zu mir gedankt. Ich habe ihn gebeten, dass er mir hilft, im Laufe des Tages immer wieder an diese Liebe zu denken und das Beste aus den Gelegenheiten zu machen, die er mir gibt, um seine Liebe mit den Menschen um mich herum zu teilen.

Äußerlich sah das Ganze wie üblich total unspektakulär aus. Keine hellen Lichter oder donnernden Stimmen aus dem Himmel. Aber genau dort, in meinem Stuhl am Fenster, während ich mein Frühstück aß, führte mich der Gott des Universums wieder ein Stück weiter in meine Freundschaft mit ihm hinein.

Ein letzter Schritt, den ich dir für dein Tiefereinsteigen in die Bibel vorschlagen möchte: Rede mit anderen Nachfolgern Jesu über das, was du gelesen und gelernt hast. Das hat eine ganze Reihe wertvoller Vorteile:

Wenn Gott dir etwas in der Bibel gezeigt hat, das dir geholfen oder ermutigt hat, dann stehen die Chancen gut, dass es auch jemand anderem helfen und ermutigen könnte, wenn du ihm davon erzählst.

Wenn du Fragen zu dem hast, was du gelesen hast, können dir die anderen Nachfolger helfen, nach Antworten zu suchen.

Und sollte sich herausstellen, dass du etwas vom Gelesenen falsch verstanden hast, können dir andere Nachfolger Jesu helfen, wieder auf Kurs zu kommen.

Denk dran: Näher zu Gott hinzuwachsen ist etwas, das immer so gedacht war, dass wir es *zusammen* machen.

Das führt uns zur nächsten wichtigen Gewohnheit: Wenn du dich Gott näher fühlen willst, erreichst du das am besten in der Gemeinschaft mit anderen Nachfolgern Jesu.

7.

Wie (und warum) sollte ich all das mit anderen Leuten tun?

Bis hierher waren die meisten Wege hin zu einer engeren Verbindung zu Gott, über die wir nachgedacht haben, Dinge, die du allein tun kannst. Aber das ist nur ein Teil des Ganzen. In Wahrheit waren wir nämlich nie dazu geschaffen, Jesus allein nachzufolgen.

Ganz am Anfang schuf Gott die Menschen so, dass sie das von ihm geschaffene Universum *zusammen* regieren und bewahren sollten (1. Mose 1,26–28; 2,18–24) – und ganz am Ende der Bibel lernen wir, dass die neue Schöpfung, wenn Jesus wiederkommt, mit einer Menschenmenge gefüllt sein wird, die zu groß ist, dass man sie zählen könnte, die »aus allen Stämmen und Völkern, Sprachen und Kulturen« kommt und in der alle Menschen Gott gemeinsam lieben, loben und sich an ihm erfreuen werden – für immer (Offenbarung 7,9–10).

Vom Anfang bis zum Ende also ist Gott zu nahen etwas, das wir *gemeinsam* tun sollen.

Wir sehen auch das in Jesu Leben auf der Erde, als er eine Truppe extrem unterschiedlicher Männer und Frauen zusammenbrachte – Menschen, die so unterschiedlich waren, dass sie niemals miteinander abgehangen hätten, wenn sie nicht Jesu Nachfolger gewesen wären (Markus 3,13–19; Lukas 8,1–3).

Und da er sein Leben mit denen verbracht hat, die zu Gott gehören, will er auch, dass wir dasselbe tun.

Warum ist das so wichtig?

Ein früher Auszubildender Jesu hat es einmal so formuliert:

> Wir wollen unbeirrbar an der Hoffnung festhalten, zu der wir uns bekennen. Denn auf Gott ist Verlass; er hält, was er zugesagt hat. Und lasst uns aufeinander achten und uns gegenseitig zur Liebe und zu guten Taten anspornen. Deshalb ist es wichtig, unsere Zusammenkünfte nicht zu versäumen, wie es sich einige angewöhnt haben. Wir müssen uns doch gegenseitig ermutigen, und das umso mehr, je näher ihr den Tag heranrücken seht, an dem der Herr kommt. (Hebräer 10,23–25)

Jesus nachzufolgen kann manchmal echt *schwer* sein. Der Lebensstil, zu dem er uns auffordert, ist völlig anders als die meisten anderen Menschen leben, und es gibt Zeiten, in denen es gefühlt viel einfacher wäre, das Ganze einfach zu vergessen.

In solchen Momenten brauchen wir die gegenseitige Ermutigung, an der Hoffnung *festzuhalten*, die wir in Jesus haben, weiterhin als seine Auszubildenden zu leben und weiter lieben zu lernen, wie er liebt.

Wir dürfen nicht aufhören, einander daran zu erinnern, dass »der Tag« kommt – der Tag, an dem Jesus wiederkommt, um Himmel und Erde neu zu vereinen und die Seinen in das ewige Leben mit ihm aufzunehmen.

Wenn du anfängst, dich zu fragen, ob es das wert ist, dann brauchst du Freunde, die dich daran erinnern, dass es das *absolut* wert ist. Und in Zeiten, in denen sie anfangen, sich zu fragen, ob es das wert ist, werden sie ihrerseits deine Hilfe brauchen.

Aber das ist noch nicht alles.

Erinnerst du dich noch daran, dass ich sagte, dass Jesu erste Jünger total unterschiedlich waren?

Das war kein Versehen.

Stell dir das so vor: Dein Körper besteht aus vielen verschiedenen Körperteilen, aber sie sind so gemacht, dass sie alle miteinander zusammenarbeiten. Ein Körper, der nur aus Füßen, nur aus Augen oder nur aus Zungen bestehen würde, wäre völlig nutzlos (und irgendwie absurd) – aber wenn alle deine Körperteile das tun, was sie jeweils am besten können, blüht das Ganze voll auf.

Und laut Bibel ist die Gemeinde (die weltweite Gemeinschaft der Auszubildenden von Jesus) so ähnlich (1. Korinther 12,12–27).

Dieses Muster fing bei Jesu ersten Jüngern an, aber es hat dort nicht aufgehört. Zweitausend Jahre später bringt Jesus noch immer bewusst die unterschiedlichsten Arten von Menschen zusammen, damit sie einander lieben und sich umeinander kümmern und einander helfen zu wachsen.

Ich habe zum Beispiel in meiner Gemeinde eine Freundin, die unglaublich gut Klavier spielt. Ihre Musik ist einfach ein echtes Geschenk für uns als Gemeinde-Familie.

Eine andere Freundin aus der Gemeinde hat ein Herz dafür, für andere Menschen zu beten. Ich kann es nicht genau beschreiben, aber ihre Art zu beten hat irgendetwas an sich, das andere von innen her mit Freude erfüllt. Gott scheint ihre Gebete auf besondere Weise dazu zu gebrauchen, andere daran zu erinnern, dass er alles unter Kontrolle hat und dass alles gut sein wird, egal, was gerade los ist.

Ich habe einen anderen Freund, der ein talentierter Bäcker ist. Immer wieder mal bringt er mir eine Dose erstklassiger Schokokekse vorbei – einfach, um mich zu ermutigen oder um sich bei mir für etwas zu bedanken.

Dann wäre da noch die Freundin, die extrem gut diejenigen ausfindig machen kann, die einsam sind und jemanden zum Reden brauchen. Gott hat ihr diese großartige Gabe geschenkt, die Menschen zu bemerken, die niemand sonst bemerkt, und sie in die Gruppe zu integrieren.

Ich habe noch eine andere Freundin, die wirklich gut darin ist, so ehrlich über ihre Kämpfe zu sprechen, dass andere sich in *ihren* Kämpfen nicht so allein fühlen. Das Leben ist nicht leicht für sie, aber sie folgt Jesus einfach weiter. Und man sieht, wie Gott dabei in ihr wirkt, um nicht nur *ihr* Leben zu verändern, sondern die Leben anderer Menschen auch.

Diese Freunde sind alle so erstaunliche, großzügige Geschenke Gottes – und wenn wir als Gottes Gemeinde zusammenkommen, kommen auch all diese Gaben zusammen, und jeder profitiert.

Wir segnen und ermutigen einander. Wir helfen einander aufzutanken. Wir wachsen immer mehr zusammen, und gleichzeitig wachsen wir auch immer näher zu Gott.

Übrigens: Keine der Personen, die ich gerade erwähnt habe, gehört zu den *Erwachsenen* in unserer Gemeinde. Sie sind alle Jugendliche aus der Jugendgruppe, die ich jede Woche mitleite. Klar, auch Erwachsene haben vieles, was sie einbringen können. Aber es geht mir darum, dass Gott dich, wer auch immer du bist – egal wie jung oder alt du bist, oder wie lange oder kurz du Jesus nachfolgst – mit deinen eigenen, einzigartigen Gaben geschaffen hat, damit du sie mit den Menschen teilst, die zu ihm gehören. (Und wenn du dir noch nicht sicher bist, wo deine Gaben liegen, dann ist das regelmäßige Zusammenkommen mit anderen aus Gottes Volk ein guter Anfang, um das herauszufinden!)

Wenn du dich Gott näher fühlen willst, dann ist es *unbedingt* notwendig, dass du mit Menschen verbunden bleibst, die zu ihm gehören.

Der naheliegendste Weg, das zu tun, ist, dass du dich einer örtlichen Gemeinde anschließt. Aber je nach Alter und Situation kannst du zum Beispiel auch überlegen, dich der Jugendgruppe einer Gemeinde anzuschließen, einer Bibelgruppe unter der Woche oder, falls vorhanden, dem Schülerbibelkreis an deiner Schule – oder allen dreien!

Wie auch immer du dich entscheidest, es geht nicht darum, an möglichst vielen *Events* teilzunehmen (so hilfreich sie auch sein mögen). Es geht darum, eine Gemeinschaft von *Menschen* zu finden, die dir helfen werden, näher zu Jesus hinzuwachsen.

Wenn du mit diesen Menschen viel gemeinsam hast – super! Aber selbst wenn nicht – selbst wenn du der oder die Einzige in deinem Alter bist oder niemand sonst dieselben Interessen hat wie du –, bleib dran. Denn das, was ihr gemeinsam habt, ist Jesus. Und das ist viel wichtiger als alles andere.

Aber egal, wie es für dich konkret aussieht, dich mit anderen Auszubildenden von Jesus zu treffen: Hier ist mein Nummer-1-Tipp, um daraus den größten Vorteil zu ziehen:

Gib dein Bestes.

Lehn dich nicht zurück; *schaue* nicht nur zu. Mach bei allem mit, wo du mitmachen kannst. Sing mit, wenn gesungen wird. Bete mit, wenn gebetet wird. Wenn jemand aufsteht und etwas aus der Bibel vorliest, dann schlag auch du deine Bibel auf und lies mit. Denn je mehr du mitmachst, desto mehr wirst du davon haben.

Bist du dir immer noch unsicher, ob du das alles bereits glaubst? Bete trotzdem! Was ist das Schlimmste, was passieren könnte?

Singst du schrecklich schlecht? Ich auch! Sing trotzdem laut mit. Glaub mir: Keiner wird sich darum scheren. Außerdem machst du kein Probesingen für einen Chor, du singst für *Gott*, und er findet das wunderbar!

(Übrigens: Ich wünschte, ich hätte in diesem Buch Platz für ein ganzes Kapitel über die ungeheure Macht der Musik, wenn es darum geht, dass wir Gott näherkommen. Aber die Kurzversion lautet, dass Musik eine einzigartige Möglichkeit bietet, die Wahrheit über Gott tiefer in unseren Herzen und Gedanken zu befestigen. Es gibt nichts, was damit vergleichbar wäre, *zusammen* mit anderen Gott zu loben. Aber belasse es nicht dabei! Such dir eine Playlist aus, die von guter Musik rund um die Wahrheit über Gott nur so strotzt, und hör sie dir jeden Tag an.)

Vielleicht gehst du in eine Gemeinde mit Tausenden von Menschen, einer Bühne voller professioneller Musiker und erstklassigem Bibelunterricht. Vielleicht gehst du aber in eine Gemeinde mit vier alten Frauen, einer quietschenden Orgel und einem, ehrlich gesagt, etwas langweiligen Prediger, der da vorne einfach sein Bestes gibt.

Doch Jesus hat versprochen, dass er, wann und wo immer seine Leute in seinem Namen zusammenkommen, bei ihnen sein wird, und dass sein Geist bewirken wird, dass sie wachsen und verändert werden (Matthäus 18,20; 28,20; Johannes 14,26). Das bedeutet, dass, egal von welcher Zusammenkunft von Gottes Volk du ein Teil bist, Jesus auch dabei sein wird, und du darauf vertrauen kannst, dass er dir dort begegnen wird.

Also such dir eine Gruppe von Menschen aus Gottes Volk, mit denen gemeinsam du Jesus nachfolgen kannst, – und gib dein Bestes.

8.

Wie viel Zeit muss ich investieren?

Wir haben jetzt einige Zeit all die Gewohnheiten und Handlungsweisen erkundet, die dir helfen können, dich Gott näher zu fühlen. Vielleicht ist dir dabei aber eine andere Frage immer wieder in den Sinn gekommen:

Wie viel Zeit wird all das in Anspruch nehmen?

Natürlich ist es schwer, eine starke Beziehung aufrechtzuerhalten, ohne in eine Art Quality Time mit der jeweiligen Person zu investieren. Wie viel Zeit wünscht sich Jesus also, dass wir in unsere Freundschaft mit ihm investieren?

Stell dir deine Woche als Kuchendiagramm vor. Je größer das Stück, desto mehr Zeit nimmt die jeweilige Aktivität in Anspruch. Vielleicht sieht das in etwa so aus wie im folgenden Schaubild:

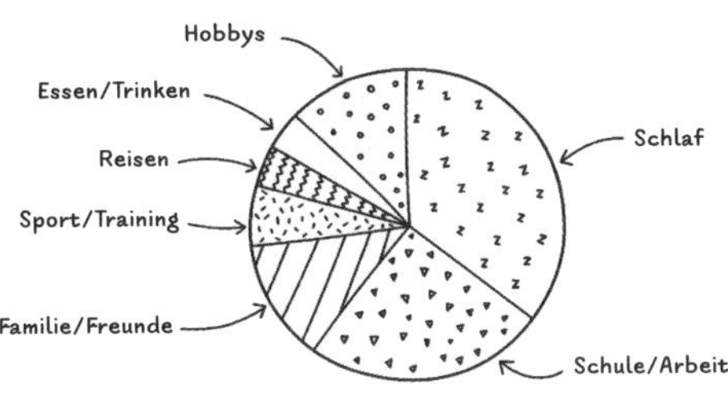

An manchen Stücken deines Kuchens kannst du nicht wirklich etwas ändern.

Bevor du überhaupt loslegst, nimmt der Schlaf mindestens ein Drittel deiner Zeit in Beschlag (zumindest ist das die Dauer, die wir wissenschaftlichen Studien zufolge schlafen *sollten*).

Dann wäre da die Schule – oder, wenn du älter wirst, die Arbeit –, die ein weiteres großes Stück verschlingt. Deiner Familie und deinen Freunden steht hoffentlich auch ein ansehnliches Stück zu.

Dann verbringst du (idealerweise) noch Zeit mit irgendeiner Art von sportlicher Betätigung, mit Essen und Trinken, mit Fahrten von A nach B – und hoffentlich bleibt am Ende noch ein bisschen freie Zeit übrig für die Dinge, die dir Spaß machen.

Wenn du so bist wie ich, dann fühlst du dich manchmal etwas überfordert von allem, was du erledigen musst. Wo passt dann noch Zeit für die Ausbildung bei Jesus rein? Wenn das Kuchendiagramm oben deine Woche darstellt, wie groß sollte das *Jesus*-Kuchenstück sein?

Ist es für Jesus in Ordnung, wenn er nur ein Scheibchen abbekommt – vielleicht so wie das *Essen-/Trinken-Stück*? Oder will er mehr als das? Ein Viertel vielleicht? Ein Drittel?

In Wirklichkeit will er sogar noch mehr als das.

Denn die Wahrheit ist, dass Jesus nicht nur ein *Stück* deiner Zeit will.

Er will den ganzen Kuchen.

Das mag sich zunächst mal vollkommen lächerlich anhören. Ja, sogar unmöglich! Wie stellt sich Jesus das eigentlich vor? Sollen wir seinetwegen unser Leben aufgeben, in eine Holzhütte irgendwo im tiefsten Wald ziehen und Tag und Nacht wachbleiben, um in der Bibel zu lesen?

Hmm, nein.

Es ist genau wie mit dem, was ich schon über das Gebet gesagt habe. Wenn Jesus sagt, dass er möchte, dass wir unser ganzes Leben damit verbringen, näher zu ihm hinzuwachsen, bedeutet das nicht, dass wir Jesus folgen, *anstatt* zu essen, zu schlafen, zu arbeiten oder zu spielen. Es bedeutet, dass wir ihm folgen, *während* wir all das tun.

Ja, ein Auszubildender bei Jesus zu sein, bedeutet auch, dass man sich etwas Zeit nimmt, um sich die Gewohnheiten zu entwickeln, über die wir gerade nachgedacht haben – Zeit, um zur Ruhe zu kommen, in der Stille vor Gott zu sitzen, uns auf ihn zu konzentrieren, zu beten, in der Bibel zu lesen und uns mit anderen Nachfolgern Jesu zu treffen.

All diese Dinge sind sehr wertvoll; sie sind ja das, was Auszubildende von Jesus schon seit mehr als zweitausend Jahren tun.

Aber denk dran: Keines dieser Dinge ist das, worum es wirklich geht.

In der Ausbildung bei Jesus geht es darum, so zu werden wie Jesus. Es geht darum, seiner Liebe, seiner Freude und seinem Frieden Raum zu geben, damit sie unser *gesamtes* Leben verändern können – in jedem Moment unseres Lebens. Es geht darum, dass Gottes Geist uns zu den Menschen umgestaltet, die wir von jeher sein sollten (Römer 12,1–2).

Wir verändern unsere Gewohnheiten so, dass sie wiederum uns durch die Macht von Gottes Heiligem Geist ändern.

Jesus möchte, dass wir zu Menschen heranwachsen, die jeden Moment eines jeden Tages in dem Bewusstsein seiner Nähe und Liebe leben – Menschen, die so mit der Liebe von Jesus erfüllt sind, dass diese Liebe in die Leben der Menschen um uns herum überfließt.

Jesus möchte uns beibringen, so durch den Tag zu gehen, dass wir dabei auf all die kleinen Zeichen seiner Freundlichkeit uns gegenüber achten, uns bei ihm für sie bedanken und offene Augen für das haben, wo wir mit ihm mitarbeiten bei dem, was er in der Welt bewegen will.

Ich finde die Erklärung von Pastor Jon Tyson wirklich toll. Er redet davon, dass man jeden Raum mit derselben Frage betritt: *Gott, wo hast du schon gewirkt, um dein Reich zu bauen und deine Liebe zu teilen – und wie kann ich bei alledem mitmachen?*

9.

Wie finde ich heraus, was Gott will, dass ich tue?

Bis hierhin habe ich versucht, einige allgemeine Weisheiten über die Nachfolge Jesu zu skizzieren – nämlich Gewohnheiten, die jedem Menschen überall helfen können, näher zu Gott hinzuwachsen. Aber was ist, wenn wir wissen wollen, wie wir uns in einer *konkreten* Situation verhalten sollen? Was, wenn du vor einer großen Entscheidung stehst und nicht weißt, was du tun sollst? Ist es irgendwie möglich, auch *dafür* Gottes Hilfe zu erfahren?

Meine Lieblingsbeschreibung dafür, was es heißt, ein Auszubildender Jesu zu sein, stammt von Pastor John Mark Comer: »Jesus nah sein, ihm ähnlich werden und das tun, was er tun würde, wenn er an deiner Stelle wäre.«

Wir haben schon viel darüber nachgedacht, was es heißt, *Jesus nah* zu sein. Und das sind wir jedes Mal, wenn wir uns Zeit nehmen zum Beten, zum Nachdenken über die Bibel oder zum Stillwerden und auf Jesus zu schauen. Und wir sind es, wenn wir die Gegenwart Gottes »erlernen«, das heißt, wenn wir unsere Aufmerksamkeit im Laufe des Tages zurück auf Jesus lenken und uns von ihm an seine Liebe zu uns erinnern lassen.

Und wenn wir *Jesus nah bleiben*, können wir darauf vertrauen, dass Gottes Geist direkt bei uns ist und uns hilft, *Jesus ähnlich zu werden*, indem er uns immer mehr dem ähnlicher macht, dem wir nachfolgen (Galater 4,19; Epheser 1,17–21; Philipper 1,4–6).

Das bringt uns zu Schritt drei: *Das tun, was er an deiner Stelle tun würde.*

Mit anderen Worten: Wenn Jesus dein Leben leben würde – wenn er sich in deiner Situation, bei deiner Familie und deinen Freunden und vor den Herausforderungen befände, vor denen du heute stehst – was würde er tun?

Manchmal ist die Antwort offensichtlich: Wenn du wählen musst, ob du einem Freund seinen gemeinen Kommentar vergibst oder ihm dafür ins Gesicht boxt, dann ist ziemlich eindeutig, dass Jesus die erste Option wählen würde.

In anderen Situationen ist das viel schwieriger auszumachen.

Aber wenn du wissen willst, was Gott in einer konkreten Situation von dir will, dann ist die Frage »Was würde Jesus an meiner Stelle tun?« ein guter Startpunkt.

Und um *diese* Frage möglichst klar zu beantworten, müssen wir immer wieder zu dem zurückkommen, was Jesus uns in der Bibel über sich selbst gezeigt hat.

Sagen wir, du freundest dich mit jemandem an, der gerade aus einer anderen Stadt hergezogen ist. Er lädt dich zu seiner Geburtstagsfeier ein, und du sagst zu. Doch dann ruft dich ein anderer Freund an und sagt dir, dass deine Lieblingsband in der Stadt ist und er noch ein Ticket für dich hat. Der einzige Haken: das Konzert findet am selben Abend statt wie die Geburtstagsfeier.

Was solltest du tun?

Nun, was würde Jesus tun, wenn er du wäre?

Zunächst mal war für Jesus bei *allem*, was er tat, die oberste Priorität, Gott und andere Menschen zu lieben (Matthäus 22,37–40). Er würde nicht einfach das tun, was er am liebsten tun würde; er würde das tun, was für seine Freunde am besten wäre (Philipper 2,3–8).

Jesus würde außerdem sein Wort halten (Matthäus 5,37); somit ist eine wichtige Sache, die du an dieser Stelle bedenken musst, dass du deinem neuen Freund schon zugesagt hast, zu seiner Party zu kommen. Jetzt zum Konzert *ja* zu sagen, würde bedeuten, dass du dein Versprechen brichst.

Vor allem sagt Jesus: »Alles, was ihr von anderen erwartet, das tut auch für sie!« (Matthäus 7,12), was in dieser Situation bedeutet, dass du dich fragst: Wäre ich derjenige, der in eine andere Stadt gezogen ist, wie würde ich mir wünschen, dass mich meine neuen Freunde behandeln?

Gibt es hier also eine hundert Prozent eindeutige Antwort?

Ich glaube nicht. Es ist kompliziert. Die Bibel sagt dir zwar nicht, was du in dieser Situation entscheiden sollst, aber sie vermittelt dir viel Weisheit darüber, *wie* du die Entscheidung am besten triffst.

Ich denke, ich würde Folgendes tun:

Ehrlich gesagt, würde ich selbst wahrscheinlich zum Konzert gehen *wollen* – aber ich hätte das Gefühl, dass ich eigentlich zur Party gehen *sollte*. Doch bevor ich mich entscheide, würde ich mich fragen, wie viel es meinem neuen Freund bedeutet, dass ich zu seiner Party komme.

Werden noch 50 andere kommen? Dann macht es keinen allzu großen Unterschied, wenn ich doch nicht komme. Ich könnte meinen Freund anrufen, ihm die Situation offen und ehrlich schildern und mich für wann anders mit ihm verabreden.

Doch wenn sich herausstellt, dass auf der Party nur er und die drei Leute sind, die er kennengelernt hat, seit er hergezogen ist ..., dann ist es schon eine größere Sache, ihn abzusagen, oder? Wie gerne ich auch zu dem Konzert gehen würde – vielleicht ist das, was ich tun will, gerade nicht das Wichtigste. Vielleicht sollte ich dann trotzdem auf der Party auftauchen.

Wie schon gesagt, es ist kompliziert. Aber je mehr wir Jesus kennenlernen, desto besser können wir erkennen, was *er* in unserer Situation tun würde, und desto eher werden wir weise, von Liebe bestimmte Entscheidungen treffen.

Doch ich denke, das Ganze hat noch eine tiefere Ebene.

Erinnerst du dich? Wenn du dein Vertrauen auf Jesus gesetzt hast, wirkt der Heilige Geist in deinem Leben und hilft dir, Jesus nachzufolgen – und Gottes Geist kann zu dir sprechen, wann immer, wo immer und wie immer er will.

Während du also die Dinge tust, über die wir in diesem Buch nachgedacht haben – während du betest, in der Bibel liest, mit Gott in der Stille sitzt, mit einem Freund redest oder in der Gemeinde eine Predigt hörst –, könntest du das Gefühl bekommen, dass Gott deine Aufmerksamkeit haben will; dass er etwas Konkretes von dir will.

Das könnte ein Gedanke sein, der dir beim Beten in den Sinn kommt, oder ein Vers, der dich beim Bibellesen förmlich anspringt, oder die weisen Worte eines Freundes, die dir irgendwie superwichtig vorkommen. Etwas, das dich sagen lässt: *Ich glaube, Gott will, dass ich diesem oder jenem Beachtung schenke.*

Wie gehen wir nun damit um?

Wie erkennst du den Unterschied zwischen einem Zeichen von Gott und einem Zufall, oder zwischen einem Gedanken, den Gott dir in den Sinn gegeben hat, und einer eigenen Idee? Ich wünschte, ich hätte eine einfache, klare Antwort für dich. Aber denk dran, wir wollen ja eine Person kennenlernen und nicht einen Geheimcode knacken. Was ich dir dafür geben kann, sind einige wichtige Prinzipien.

Erstens wird Gott, wie bereits festgestellt, egal, auf welche Weise er zu dir spricht, niemals etwas sagen, das dem widerspricht, was er in der Bibel bereits über sich offenbart hat. Du kannst dir also sicher sein, dass jeder Gedanke, der nicht mit der Bibel im Einklang ist, nicht von Gott kommt.

Zweitens wird Gott niemals etwas tun, was seinem Wesen widerspricht. Gott ist barmherzig und gnädig, langsam zum Zorn und voller Liebe und Treue (2. Mose 34,6). Du kannst dir also sicher sein, dass auch jeder Gedanke, der mit Gottes Wesen nicht in Einklang ist, ebenfalls nicht von Gott kommt.

Drittens hat Gott uns andere Menschen geschenkt, die uns helfen sollen, näher zu ihm zu wachsen. Was auch immer du zu entscheiden versuchst, rede darüber mit anderen Nachfolgern Jesu, die du kennst und denen du vertraust, und hör dir an, was sie zu alledem zu sagen haben.

Und wenn sich das in deinen Ohren alles noch etwas schwammig, seltsam oder verwirrend anhört, hat der kürzlich verstorbene Pastor Timothy Keller einen sehr guten Rat für uns. Er sagte, dass Gottes Führung durchaus etwas ist, das Gott *gibt* – viel öfter jedoch etwas, das er *tut*.

Stell es dir so vor: Du würdest ein Boot steuern, und zwar auf einem Fluss mit allen möglichen Verzweigungen und Strömungen, es gäbe also viele verschiedene Richtungen, die du einschlagen könntest.

Gott agiert *manchmal* wie ein Lotse, der mit einer Karte neben dir steht, dir die Wegbeschreibung ins Ohr flüstert und dir genau sagt, wohin du als Nächstes fahren sollst.

Doch viel häufiger agiert Gott weniger wie ein Lotse und mehr wie *der Fluss selbst*, der dich durch das Leben trägt, ob du ihn dabei merkst oder nicht.

Wenn du also vor einer Wahl stehst, bete darüber. Rede darüber mit Menschen, denen du vertraust. Gib dein Bestes, um die Frage »Was würde Jesus an meiner Stelle tun?« zu beantworten.

Und dann, auf dieser Basis, triff die beste Entscheidung, die du treffen kannst.

Wenn die Entscheidung *genau* die ist, die Jesus an deiner Stelle auch getroffen hätte: Super!

Wenn sich herausstellt, dass du falsch lagst, dann ist das auch in Ordnung, denn du kannst Gottes gute Pläne nicht mit deinen schlechten Entscheidungen zunichtemachen.

Selbst wenn du total auf dem Holzweg warst, *wird Gott dich weiter voranbringen* und all deine Erfolge *wie auch* all deine Niederlagen schlussendlich zum Guten mitwirken lassen (Römer 8,28; 1. Mose 50,20).

In meinem Leben gab es häufig Zeiten, in denen ich mich gefühlt habe, als wäre ich aufgeschmissen; als wäre meine Sicht von dem, was ich tun sollte, vernebelt und als wäre Gott weit weg und unerreichbar – Zeiten, in denen das Beste, was ich tun konnte, war, dass ich halt eine Entscheidung traf und abwartete, was dabei herauskam.

Ich habe aber auch schon Zeiten erlebt, in denen ich mir sicher war, was Gott als Nächstes von mir wollte, nur um dann festzustellen, dass er etwas völlig anderes im Sinn hatte.

Doch am Ende war eines immer wahr: Früher oder später habe ich zurückgeschaut und gemerkt, dass Gott noch immer genau wusste, was *er* tat, auch wenn *ich* keinen Schimmer hatte, was ich tat.

Auf der einen Ebene kann das Ganze also wirklich kompliziert erscheinen. Aber auf der anderen Ebene ist es eigentlich ziemlich einfach. Denn am Ende ist alles, was du tun musst, dich an Jesus zu halten, die bestmöglichen Entscheidungen zu treffen und dann darauf zu vertrauen, dass Gott so stark und freundlich und treu ist, dass er sich um den Rest kümmern wird.

10.

Größer als unsere Gefühle

Es wird Tage geben, an denen das alles dir so leicht vorkommt. Als Nachfolger von Jesus wirst du Tage haben, an denen sich Gott so unglaublich real, nah und natürlich anfühlt; Tage, an denen dir Zweifel an seiner Existenz oder an seiner Liebe zu dir wie das Lächerlichste auf der Welt erscheinen.

Aber es wird auch andere Tage geben.

Tage, an denen du das Gefühl hast, Gott sei weit weg.

Die Tage, wenn sich die Bibel wie ein altes, totes Buch anfühlt und dein Gebet wie ein Gespräch mit der Zimmerdecke.

Die Tage, wenn es dir so erscheint, als wäre das Ganze nur ein Produkt deiner Fantasie.

Wie wir in diesem Buch festgestellt haben, gibt es eine Menge Gewohnheiten im Leben Jesu, die dir dabei helfen können, mehr gute Tage zu haben als schlechte.

Es gibt auch eine ganze Reihe von vernünftigen Gewohnheiten, die deine Lebensweise betreffen und dir dabei hilfreich sein können.

Wie viel schläfst du zum Beispiel? Eine Sache, um die ich mich wirklich bemühe, egal wie voll mein Leben gerade ist, besteht darin, mindestens acht Stunden pro Nacht zu schlafen. Zum Teil mache ich das, weil es leichter ist, morgens früh genug aufzustehen, um vor der Schule etwas Zeit mit Jesus zu verbringen, wenn ich am Abend zuvor zu einer angemessenen Uhrzeit ins Bett gegangen bin. Aber genug Schlaf zu bekommen, bedeutet auch, dass ich mit mehr Energie in den Tag starte und mich darauf konzentrieren kann, auf Gott zu achten und die Menschen um mich herum zu lieben.

Eine weitere Lifestyle-Gewohnheit, die ich dir empfehle, ist diese: dass du in der ersten Stunde nach dem Aufwachen nicht auf dein Handy schaust (oder auf irgendeinen anderen Bildschirm) – denn das, worauf du deine Aufmerksamkeit am frühen Morgen richtest, wird gewaltige Auswirkungen auf den Rest deines Tages haben.

Denn was, denkst du, füllt dich eher mit Freude, Liebe und Frieden für den vor dir liegenden Tag: 20 Minuten mit Jesus oder 20 Minuten im Internet?

Solche Entscheidungen zu einem Teil deines Lebens zu machen, wird dir helfen, die Voraussetzung dafür zu schaffen, auch all die anderen Gewohnheiten erfolgreich umzusetzen, die wir uns in diesem Buch angesehen haben. Und das wird dir, wie gesagt, helfen, mehr gute Tage zu haben als schlechte.

Selbst dann wird es noch Tage geben, an denen sich Gott wahr und real und nah anfühlt, und andere Tage, an denen du versucht bist, mit dem Ganzen aufzuhören.

Aber an *beiden* Arten von Tagen ist es wichtig, Folgendes zu beachten:

Deine Gefühle zählen. Sie sind unglaublich wichtig. Aber sie sind nicht die ganze Wahrheit.

Es ist nämlich so: Deine Gefühle über Gott und dein Erleben seiner Nähe werden *absolut* vom Wirken von Gottes Heiligem Geist in deinem Leben beeinflusst; er wird dich an Gottes Liebe erinnern und dir helfen, immer mehr wie Jesus zu werden.

Aber deine Gefühle über Gott und dein Erleben seiner Nähe werden *auch* davon beeinflusst, wie viel du letzte Nacht geschlafen hast, was für einen Tag du gerade hast und was du zum Frühstück gegessen hast.

Deine Gefühle sind wichtig – aber sie sind nicht die ganze Wahrheit.

Deine Gefühle sind die *Reaktionen* deiner Gedanken und deines Körpers auf das, was in deinem Leben gerade passiert. Manchmal entsprechen diese Gefühle der Wirklichkeit, aber manchmal auch nicht.

Deine Gefühle können sich von Tag zu Tag verändern, ja, sogar von einem Moment auf den anderen.

Das bedeutet nicht, dass du sie außer Acht lassen solltest oder so tun solltest, als wären sie nicht da. Wir müssen ehrlich mit unseren Gefühlen umgehen – wir müssen uns sozusagen durch sie bis zum Ende hindurchfühlen.

Doch in alledem sollte uns eines klar sein: Dass unsere Hoffnung nicht in unseren Gefühlen *über* Jesus liegt, sondern in Jesus selbst; in Gottes Versprechen, dass er seine Kinder niemals verlassen wird und dass er bei uns ist, wohin wir auch gehen – ob sich das wahr *anfühlt* oder nicht (5. Mose 31,6; Matthäus 28,20; Hebräer 13,5).

Wie nah oder weit weg sich Gott dir an einem bestimmten Tag oder in einem bestimmten Moment auch immer vorkommt, gilt sein Versprechen an jeden, der auf Jesus vertraut, »dass Gott das gute Werk, das er in euch angefangen hat, auch bis zu dem Tag weiterführen und vollenden wird, an dem Christus Jesus wiederkommt« (Philipper 1,6).

Mit anderen Worten: Jesus hat bereits das perfekte Leben der Liebe geführt, das niemand sonst hätte führen können.

Er hat sein Leben bereits an deiner Stelle aufgegeben, um jede Mauer zwischen dir und Gott einzureißen und dich in das ewige Leben mit ihm aufzunehmen.

Er ist bereits von den Toten auferstanden und hat dabei bewiesen, dass die Macht des Todes ein für alle Mal überwunden ist.

Er hat dir bereits seinen Geist gegeben, um dich zu leiten und in die Fülle jenes Lebens zu führen, das er für dich geschaffen hat.

Denkst du *wirklich*, er wird mit seinem Wirken an dir auf einmal aufhören?

Mit all diesem Wissen: Was sollte ich dann morgens tun, wenn ich schon vor dem Weckerläuten voller Enthusiasmus aus dem Bett hüpfe – an Tagen, an denen sich Jesus ganz nah, natürlich und real anfühlt; an Tagen, an denen ich es *kaum erwarten* kann, meine Bibel aufzuschlagen und zu sehen, was Gott mir heute beibringen will?

Ich sollte zu dem Gott beten, von dem ich *weiß*, dass er da ist, und ihm für seine Güte mir gegenüber danken, ihm sagen, wie ich mich fühle, und um seine Hilfe in jeder Situation bitten.

Ich sollte mit weit geöffnetem Herzen und Verstand die Bibel lesen, um zu entdecken, was Gott mir heute bereits zeigen will.

Ich sollte mit christlichen Freunden und Familienangehörigen reden und sie daran erinnern, dass Jesus nachzufolgen die Mühe absolut wert ist, selbst an den Tagen, an denen es sich nicht so anfühlt.

Ich sollte raus in die Welt gehen und das Beste aus jeder Gelegenheit machen, die Gott mir gibt, um ihn und die Menschen um mich herum zu lieben.

Und was sollte ich an Tagen tun, an denen ich den Wecker nicht höre; an denen ich ausgelaugt und gestresst bin und mir das alles wie selbsterdacht vorkommt?

Ich sollte zu dem Gott beten, von dessen Gegenwart ich nur halb überzeugt bin, ihm für seine Güte mir gegenüber danken, ihm sagen, wie ich mich fühle, und ihn bitten, mir in jeder Situation zu helfen.

Ich sollte mit weit geöffnetem Herzen und Verstand in der Bibel lesen, um zu entdecken, was Gott mir heute bereits zeigen will – auch wenn mir gerade alles öde und langweilig anfühlt.

Ich sollte mit christlichen Freunden und Familienangehörigen reden, und *mich* von *ihnen* ermutigen lassen, dass all das die Mühe absolut wert ist, selbst an den Tagen, an denen es sich nicht so anfühlt.

Und ich sollte raus in die Welt gehen und das Beste aus jeder Gelegenheit machen, die Gott mir gibt, um ihn und die Menschen um mich herum zu lieben.

Denn meine Gefühle sind zwar wichtig, aber sie sind nicht die ganze Wahrheit.

Und als ich an den guten und den schlechten Tagen (oder Monaten) an ihm festgehalten habe, habe ich erlebt, dass Jesus treu und real ist. Auch an den Tagen, an denen es mir schwerfällt, das zu glauben.

Ich bin weit davon entfernt, in irgendetwas davon ein Experte zu sein.

Aber Stück für Stück lerne ich, indem ich in der Nachfolge Jesu Übung bekomme – nicht nur gedanklich, sondern als meine eigene praktische Lebenserfahrung –, dass sein Weg wirklich der wahrste, beste und erfüllendste Weg zu leben ist.

Ich lerne in Gottes Versprechen zu ruhen, dass »weder Tod noch Leben, weder Engel noch Teufel, weder Gegenwärtiges noch Zukünftiges, weder hohe Kräfte noch tiefe Gewalten – nichts in der ganzen Schöpfung kann uns von der Liebe Gottes trennen, die uns verbürgt ist in Christus Jesus, unserem Herrn« (Römer 8,38–39).

Und wenn ich zurückschaue auf die Jahre, die ich Jesus jetzt schon nachfolge, stelle ich fest, dass ich tatsächlich die Art vollständiger Raupe-zu-Schmetterling-Verwandlung erlebe, über die ich ganz zu Anfang dieses Buchs geschrieben habe.

Natürlich nicht auf einen Schlag.

Nicht auf dramatische Art und Weise. Aber allmählich, indem ich jeden Tag mit Jesus lebe, kann ich sehen, wie er mich verändert und mir hilft, die Wahrheit seiner Liebe und Macht in meinem Kopf und in meinem Herzen zu erkennen.

Und ich weiß: Wenn du weiter auf Jesus vertraust, wird er dasselbe für dich tun.

Literaturhinweise

Wie immer, ist dieses Buch nicht entstanden, weil ich so ein brillanter Bibelexperte wäre, sondern weil ich auf die Arbeit von wahren Meistern aufbaue.

Als ich mit der Arbeit am ersten Kapitel begann, las ich ein großartiges Interview mit Timothy Keller in der New York Times mit dem Titel »How a Cancer Diagnosis Makes Jesus' Death and Resurrection Mean More« (deutsch: »Wie eine Krebsdiagnose dem Tod und der Auferstehung Jesu noch mehr Bedeutung verleiht«), das mir sehr geholfen hat, Klarheit zu bekommen in meinen Gedanken über den Unterschied dazwischen, einerseits an Gottes Liebe zu glauben, und andererseits Gottes Liebe zu spüren.

Ich habe das im Buch schon erwähnt, aber ich möchte noch einmal sagen, wie dankbar ich bin für Dallas Willards Formulierungen zum Thema, dass wir »Auszubildende« von Jesus sind.

Dieses Buch verdankt John Mark Comers Lehre über das Erlernen der Wege Jesu sehr viel. Er ist derjenige, der gesagt hat, die Frage sei nicht »Wie viel musst du tun, damit Gott dich liebt und annimmt?«, sondern »Wie viel

Raum willst du in deinem Leben öffnen, um Gottes Liebe aus erster Hand zu erleben?«

Pete Greig, der Mitbegründer des 24-7 Prayer Movement, hat zwei tolle Bücher geschrieben, die mir eine große Hilfe beim Schreiben dieses Buches waren: *How to Pray: A Simple Guide for Normal People* und *How to Hear God: A Simple Guide for Normal People.*

Von dem »Jesus-will-den-ganzen-Kuchen«-Gedanken in Kapitel 8 habe ich zum ersten Mal in einer Predigt von Jeff Manion in der Ada Bible Church gehört.

Andere Bücher, die mir auf meiner eigenen Reise, mich Gott näher zu fühlen, geholfen haben, sind u. a. *Das Ende der Rastlosigkeit* von John Mark Comer, *Sacred Fire* von Ronald Rolheiser, *Beautiful Resistance* von Jon Tyson und *The Deeply Formed Life* von Rich Villodas.

Dankeschön

Mein Dank gebührt Rachel Jones für ihr scharfsinniges und geduldiges Lektorat, André Parker und Emma Randall für euer großartiges Design und dem gesamten Team bei TGBC dafür, dass sie sich alle so hinter diese Buchreihe gestellt und dabei geholfen haben, dass sie so gut wie möglich wird.

Danke an Micah Ford, Corlette Graham, Rosie Harris, Rowan McAuley, Charlie McQueen und Denin Spencer, die dieses Buch als Erstes gelesen haben.

Mein Dank gilt auch den Mitarbeitern, Schülern und Familien der PLC Sydney. Eines der großen Privilegien meines Lebens ist es, jede Woche die frohe Botschaft von Jesus mit euch zu teilen. Insbesondere möchte ich auch meinen 2022er 5. Klassen für eure Ermutigung und euer Feedback zu diesem Buch danken.

Danke, Mama und Papa, für die unzähligen Stunden, die ihr im Laufe der letzten über dreißig Jahre investiert habt, um mit mir über meine großen Fragen über Gott zu sprechen.

Danke, Katie und Waz, Phil und Meredith sowie Kerryn und Andrew für eure beständige Liebe, Unterstützung, Weisheit und Ermutigung.

Danke, Hattie, Liam und Alec – ihr habt mir geholfen, Gottes Liebe klarer zu sehen. Mögt ihr voller großer Fragen aufwachsen. Und mögt ihr die Antworten immer wieder bei unserem großen König Jesus suchen.

Danke, Tom French – du bist ein brillanter Schreib- und Podcast-Kumpel.

Nicht zuletzt möchte ich meiner Gemeindefamilie in Abbotsford Presbyterian danken. Ein besonderes Dankeschön gilt der gesamten Crew von YCentral – möge dieses Buch euch helfen, die überfließende Liebe, die Gott in Jesus für euch hat, noch klarer zu sehen.

Vom gleichen Autor

Wer bin ich und warum bin ich wertvoll?

Ob es uns bewusst ist oder nicht – die Welt ist voller Stimmen, die uns sagen, wer wir sind und wer wir sein sollten. Wie sollst du da herausfinden, wer du wirklich bist! Was ist, wenn du das Gefühl hast, du wirst den Erwartungen nie gerecht? Oder wenn du dich fragst, wo du hingehörst? Und wie können wir ein Gleichgewicht finden, bei dem wir die Dinge genießen, die wir lieben, ohne von ihnen besessen zu sein?

Große Fragen verdienen gute Antworten. In diesem Buch erklärt Chris Morphew, was die Bibel darüber sagt, wer du bist und was deinen Wert ausmacht. Finde heraus, warum die Wahrheit darüber, wozu Gott dich geschaffen hat, besser ist, als du dir jemals vorstellen könntest. Und wie dir das echte Hoffnung geben kann.

»Chris beantwortet deine Fragen auf eine frische Art, die direkt zum Herzen spricht.« —*Adam Ramsey*

Chris Morphew
Wer bin ich und warum bin ich wertvoll?

Broschur, 112 S., 11 × 18 cm
ISBN 978-3-9817729-9-9 (cvmd)
ISBN 978-3-86353-868-2 (CV Dillenburg)
€ 6,90 (D)

Buchempfehlung des Verlags

10 Fragen über Gott, die sich jeder junge Mensch stellen sollte

- Wie kann man glauben, dass die Bibel wahr ist?
- Warum können wir uns nicht einfach darauf einigen, dass Liebe Liebe ist?
- Wen interessiert es, ob du ein Junge oder ein Mädchen bist?

In der Schule, mit Freunden oder beim Scrollen durch Social-Media-Feeds – überall werden Teenager mit Herausforderungen an den Glauben konfrontiert. Unabhängig davon, ob du dich selbst als Nachfolger von Jesus Christus verstehst oder nicht, können diese Fragen manchmal echte Hindernisse darstellen.

Untermauert von modernsten Forschungsergebnissen, persönlichen Geschichten, Harry-Potter-Illustrationen (Achtung: Spoiler!) und sorgfältigem Bibelstudium, weicht dieses Buch schwierigen Themen nicht aus. Stattdessen lädt es Teenager dazu ein, ihre schwierigsten Fragen zum christlichen Glauben zu stellen und überraschende, lebendige Antworten zu finden.

Rebecca McLaughlin
10 Fragen über Gott, die sich jeder junge Mensch stellen sollte

Broschur, 240 S., 13 × 20 cm
ISBN 978-3-9817729-5-1 (cvmd)
ISBN 978-3-8635382-1-7 (CV Dillenburg)
€ 13,90 (D)